W0038886

Josef Johann Atzmüller

Gott ist die Liebe

Josef Johann Atzmüller

Gott ist die Liebe
Ich habe es erfahren

meᴅɪa
maʀɪa

Bibliografische Information: Deutsche Nationalbibliothek.
Die Deutsche Nationalbibliothek verzeichnet diese Publikation in der
Deutschen Nationalbibliografie; detaillierte bibliografische Daten sind
im Internet über http://dnb.ddb.de abrufbar.

GOTT IST DIE LIEBE
Ich habe es erfahren
Josef Johann Atzmüller

3. Auflage 2017

Media Maria Verlag, 1. Auflage 2015
Alle Rechte vorbehalten
© Media Maria Verlag, Illertissen 2015
ISBN 978-3-9454011-5-6
www.media-maria.de

Inhalt

Das Leben lieben heißt: Gott lieben. Das Schwierigste und Seligste von all dem ist, dieses Leben in den eigenen Leiden, in dem unschuldigen Leiden zu lieben.

Lew Nikolajewitsch Graf Tolstoi

Vorwort

Um ein gelungenes Leben zu führen, bedarf es auch einer Definition von »gelungen«. Vermutlich gibt es aus einer rein menschlichen Sicht eine unendliche Anzahl von Definitionen, die auch noch abhängig sind vom augenblicklichen Befinden der Person, was sie erreichen will und was sie davon bereits erreicht hat. Eine völlig andere Definition ergibt sich für einen Menschen, der im Jenseits war, der dem Licht des Schöpfers begegnet ist. Für ihn ist ein Leben nur dann wirklich gelungen, wenn er sich im Licht der Ewigkeit in einer vollkommenen Geborgenheit, in der Liebe des Schöpfers, letztendlich befindet. Auch in dieser Welt können wir diesem Himmel oft schon ganz nahe sein, wenn wir den Mut haben, uns vom Geist des Schöpfers führen zu lassen. Nicht vollkommen und perfekt zu sein führt uns zum Ziel, sondern vielmehr Demut und Gottvertrauen. Es sind jene Eigenschaften, die uns schon in dieser Welt Gelassenheit, Frieden und Freude schenken. In diesem Buch möchte ich Mut machen, den Tod als Geburt zu sehen und das Leben als wunderbares und lehrreiches Abenteuer. Beide Betrachtungsarten sind Herausforderungen, durch die wir in der Lage sind, unser Leben mit einer tiefen, unabhängig von materiellen Belangen, ewig kostbaren Lebensqualität zu erfüllen.

Herzlich bedanke ich mich bei allen Menschen, die auf irgendeine Art und Weise mit mir ein Stück des Weges gegangen sind oder mich noch begleiten. Jede einzelne Begegnung, auch wenn diese nur akustisch per Telefon oder virtuell über das Internet stattfindet, ist für mich kostbar und eine wichtige Schule Gottes. Sollte ich bei manchen Begegnungen nicht die richtigen Worte gefunden haben, so bitte ich um Vergebung.

Allen, die dieses Buch lesen, schenke Gott Berührungen, Erkenntnisse für das Leben in dieser Welt und stärke das Gottvertrauen für das ewige Leben in einer vollkommenen Liebe.

Wesentliches vor der Jenseitserfahrung

Absolute Stille, kein Wind bewegt die Blätter zu einem sanften Rauschen, kein Wasser plätschert über die Steine den Bach entlang, kein Ton von irgendeinem Musikinstrument, kein Lebewesen gibt einen Laut von sich. Absolute Stille und vollkommene Finsternis umgeben mich. Nur mich selbst kann ich fühlen. Es ist, als würde dieser Mantel aus Stille und Finsternis mich ganz zärtlich umhüllen und auch wärmen. Plötzlich, wie ein Donner in einer übernatürlich eisigen Nacht, durchdringt mein ganzes Wesen eine knallharte Stimme mit den Worten: »Lebt er überhaupt noch, verschwenden Sie nicht Ihre Zeit? Wenn er schon tot ist, bringen Sie ihn doch weg!« – »Mit einem Wickel möchte ich dem armen Kind noch etwas Wärme geben«, sagt eine andere Stimme eher bebend, dennoch gefühllos und nüchtern. Ich friere, ja ich habe das Gefühl, dass ich erfriere. Können Lebewesen so eiskalt, so lieblos sein? Die Finsternis ist geblieben und die Stille kehrt wie eine ganz dünne, zärtliche Decke wieder langsam zu mir zurück.

Die Kindheit – mein Fundament

Heute hatte Mutter mich etwas länger schlafen lassen. Erst durch ihre zärtliche Berührung an der Wange und ihr fröhliches »Guten Morgen« wurde ich wach. Als ich beim Öffnen meiner Augen ins grelle Sonnenlicht blickte, schloss ich sie sofort wieder. Mutter beugte sich etwas tiefer, um mich mit ihrem Schatten vor dem Licht zu schützen, und sagte: »So, jetzt kannst du deine wunderbaren, liebevollen Augen öffnen. Komm, wir wollen dem himmlischen Vater für den neuen Tag danken und um den Schutz der Engel bitten.« Anschließend half mir Mutter in meine Kleider und trug mich zum Waschbecken, um mich für den Tag herzurichten.

Unser neu gebautes Haus war für die damalige Zeit, wir schrieben Sommer 1952, ziemlich fortschrittlich. Bei uns waren Wasserleitungen zum Badezimmer (in diesem befand sich auch eine Toilettenschüssel), zur Küche und zum Wäscheraum eingebaut. Auch Warmwasser war schon vorhanden und wurde durch einen Bollerofen erzeugt. Mit einer elektrischen Pumpe wurde das Haus mit dem Wasser aus dem eigenen Brunnen versorgt. Dies alles war möglich, weil mein Vater bei der Energieversorgungsgesellschaft beschäftigt war. Meine Mutter war sehr stolz auf unser neues Zuhause, welches wir erst vor wenigen Wochen bezogen hatten. Dieses Haus war in Heiligenblut errichtet worden, fünf Kilometer von meinem Geburtsort Zeining entfernt. In Zeining waren meine Eltern aufgewachsen.

In der Küche hatte meine Mutter schon mein Frühstück zubereitet. Zwei Schnitten Brot mit Margarine und etwas Himbeermarmelade darauf. Dazu trank ich eine Tasse Kakao. Meine Mutter setzte sich zu mir und fragte mich, wie ich geschlafen habe. Ich antwortete: »Ich bin noch ein bisschen müde, aber ich glaube, dass ich gut geschlafen habe. Warum fragst du mich?« Sie antwortete: »Letzte Nacht hast du mich zweimal geweckt. Kurz nach Mitternacht habe ich dich weinend auf den Stufen zum Dachgeschoss gefunden. Nachdem ich dich wieder ins Bett gebracht hatte, dauerte es nicht lange und du bist wieder, wie schon mehrmals, im Dachgeschoss auf dem Geländer hin und her gegangen.« – »Aber Mama, davon weiß ich nichts, und wenn es so war, dann weißt du doch, dass die Engel und Jesus mich beschützen.« – »Trotzdem, mein Kind, es macht mir immer große Angst und ich fürchte mich schon heute davor, wenn der nächste Vollmond kommt, denn dann werde ich wieder nicht schlafen können.« Mutter gab mir einen Kuss auf die Stirn und verließ mich lächelnd. Als ich mein Frühstück verzehrt hatte, ging ich in den Garten. Dort spielte meine zwei Jahre jüngere Schwester Maria mit einem Ball. Mein kleiner Bruder Herbert – er war erst etwas über einen Monat alt – lag im Kinderwagen und schlief. Meine Mutter war mit der Wäsche beschäftigt. Mir fiel auf, dass sie sehr nachdenklich wirkte.

Ein paar Tage später: »Hurra, Vater kommt nach Hause! Also muss heute der Tag vor dem Sonntag sein.« Endlich konnte Mutter ihm erzählen, was in der letzten Woche alles geschehen war, und mit ihm auch besprechen, welche Entscheidungen getroffen werden sollten. Meistens, wenn ich etwas von meiner Mutter wollte, antwortete sie, sie werde Vater fragen, und wenn ich zuerst Vater fragte, sagte er, er werde mit Mutter darüber sprechen. Diesmal hatte ich einen großen Wunsch. Ich wollte, dass Vater mir erklären sollte, wie ich mir ein Lastauto bauen konnte, um damit im Sandhaufen im Hof zu spielen. Nach einem längeren Gespräch mit der Mutter kam der Vater, setzte sich zu mir auf den Boden und sagte, dass ich ihm eine große Freude bereite. Er sei stolz auf mich, dass ich Mutter helfe, wo ich nur könne, und auch auf meine Geschwister schon gut aufpasse. Als Belohnung für meine Aufmerksamkeit und Hilfsbereitschaft habe er mir etwas mitgebracht.

Er nahm den Jutesack, der neben ihm stand, öffnete ihn und griff hinein. Als er die Hand herauszog, kam eine kleine Schaufel aus Blech mit einem Holzstiel zum Vorschein. Ich fiel Vater vor Freude um den Hals. Er sagte jedoch, dass dies noch nicht alles sei, und holte dann noch eine Hacke, einen Rechen und zuletzt einen kleinen Blechkübel aus dem Sack. Ich war überglücklich und lief damit gleich zum Sandhaufen, um auszuprobieren, ob die Geschenke auch wirklich gut zu gebrauchen waren. Meine Schwester bekam Holzwürfel zum Zusammensetzen und so hatte sie auch etwas zum Spielen. Vater und Mutter konnten sich nun in Ruhe weiter unterhalten und hatten Zeit für sich. Wir Kinder waren beschäftigt und Herbert schlief im Kinderbett.

Am Abend kam Vater auf das Lastauto zurück, das ich bereits wieder vergessen hatte. Er sagte, Mutter habe ihm erzählt, dass ich gern ein Lastauto bauen möchte. »Das ist doch ziemlich kompliziert«, meinte er. Ich beharrte jedoch darauf, dass ich es selbst bauen wollte, da er doch so wenig Zeit zu Hause verbringen konnte. Vater war Bautruppführer und baute mit seinen Leuten im ganzen Land die Stromleitungen, damit alle Menschen auch Strom beziehen konnten. Deshalb war Vater meist nur von Samstagnachmittag bis Montagmorgen zu Hause.

Nach einem gemeinsamen Abendessen – ein Tischgebet war bei jeder Mahlzeit üblich – gingen wir Kinder an diesem Tag schon früh zu Bett, obwohl es noch ganz hell war. Maria und ich hatten ein eigenes Zimmer. So konnten wir uns nach dem Gute-Nacht-Gebet, welches Mutter mit uns sprach, noch eine Weile über den wunderbaren Tag unterhalten. Am nächsten Morgen, am Sonntag, musste Mutter uns wecken, da die Unterhaltung vor dem Einschlafen wohl etwas länger gedauert hatte. Sie segnete uns und sag-

te: »Kinder, beeilt euch, es ist schon spät. Die Sonntags-
gewänder liegen auf dem Stuhl vor dem Bett«, und eilte
aus dem Zimmer. Wir wuschen uns und zogen uns schnell
an. Meiner Schwester Maria half ich beim Anziehen, so gut
ich konnte. Dann liefen wir in die Wohnküche. Mutter
wartete schon. Sie war bereits fertig für den Besuch der
hl. Messe. Schnell kämmte sie Maria und mir noch die
Haare – bei Maria dauerte es etwas länger, denn sie trug
Zöpfe. Als wir das Haus verließen, ließ Mutter uns wissen,
dass der Vater noch schlafe, weil er eine schwierige Woche
hinter sich habe und deshalb noch müde sei. Herbert habe
sie zu ihm ins Bett gelegt.

Als die Glocken läuteten, gingen wir durch den Glockenturm in die Kirche hinein. Mutter segnete uns und
ging mit uns zu den Kirchenbänken, die im Bereich des
Altarraumes entlang der Kirchenwand standen. Wir setzten uns, Mutter steckte uns noch ein Taschentuch zu und
dann ging sie zurück zu den allgemeinen Bänken.

Für meine Schwester und auch für viele andere Teilnehmer war der Messbesuch eine Zeit, in der sie ruhig sitzen
musste und nichts tun durfte, außer zur selben Zeit wie
alle anderen Kirchenbesucher aufzustehen, sich hinzuset-
zen oder niederzuknien. Etwas Abwechslung brachte die
Kommunion. Dann gingen die meisten Menschen zur
Kommunionbank, wo der Priester den Leuten Jesus in
Form einer Hostie in den Mund legte. Wir Kinder bekamen vom Priester ein Kreuzzeichen auf die Stirn gezeich-
net. Danach war wieder das Still-in-der-Kirchenbank-Sit-
zen gewünscht. Nach dem Kommunionempfang warteten
alle schon auf den Segen des Priesters, damit man sich
endlich wieder draußen frei bewegen konnte.

Mir bedeutete der Kirchenbesuch mehr. Schon beim
Eintritt in die Kirche und bei der Benetzung mit dem

Weihwasser durchdrangen mich Empfindungen: Eine Mischung von Ehrfurcht, Freude, Gelassenheit und Geborgenheit, getragen vom Gefühl einer Zeitlosigkeit, ergriff mein ganzes Wesen. Beim Gedanken, im Haus Gottes zu sein, wollte ich nichts anderes, als einfach hier sein und die Gegenwart Gottes, eine ganz besondere Art von Geborgenheit, spüren. Wegen mir hätte der Gottesdienst auch ein paar Stunden dauern können. Allerdings hatte er keine inhaltliche Bedeutung für mich, jedoch war es mir wichtig, dass er stattfand.

Manchmal ging die Mutter mit uns auch in die Kirche, um uns die heiligen Figuren und auch die Bedeutung der Bilder zu erklären.

Die heilige Messe, der Gottesdienst, war für mich etwas ganz anderes. Da konnte ich Gott spüren. Eine wunderbare Geborgenheit umhüllte mich, die Zeit blieb stehen, besser formuliert: Sie spielte keine Rolle mehr. Obwohl der Gottesdienst für mich keine inhaltliche Bedeutung hatte, war meine Gottesbeziehung während der heiligen Messe dennoch intensiver als bei einem Kirchenbesuch, bei dem kein Gottesdienst stattfand.

Nach dem Gottesdienst gingen wir üblicherweise sofort nach Hause, denn meine Mutter beteiligte sich nie an den Gesprächen, die danach vor der Kirche stattfanden. Deshalb fragte ich einmal, ob wir nicht auch noch ein wenig bleiben könnten? Sie verwies mich darauf, dass Vater und Herbert doch zu Hause warteten. »Bitte, bleiben wir noch ein paar Minuten«, bettelte ich, aber Mutter ging nicht weiter darauf ein. Als wir zu Hause ankamen, musste das Sonntagsgewand sofort ausgezogen werden. Mutter nahm mich auf ihren Schoß und sagte: »Josef, nach dem Gottesdienst will ich mit meinen Gedanken und meinem Herzen noch eine Weile mit Gott verbunden sein. Wenn ich mich mit den Leuten unterhalte, ist dies nicht möglich. Außerdem mag ich es nicht, wenn über andere Leute geredet wird, die gar nicht anwesend sind. Eigentlich gefällt es mir nicht, wenn man schlecht über andere spricht. Kannst du das verstehen?« – »Ja, Mama, ist schon in Ordnung.«

Vater kam ins Zimmer und ich rutschte vom Schoß meiner Mutter herunter. »Na, ihr beiden, hattet ihr etwas zu besprechen? Josef, ich habe nachgedacht, ich finde es ganz toll, dass du ein Lastauto bauen willst. Hier ist ein Sack, in dem du alles findest, was du zum Zusammenbauen brauchen kannst. Öffne ihn aber erst morgen, wenn ich wieder bei der Arbeit bin. Jetzt will ich noch mit dir und deiner Schwester im Garten Ball spielen, damit Mutter in Ruhe das Mittagessen für uns kochen kann.«

Vater und Mutter waren wunderbare Eltern. In meinem ganzen Leben erlebte ich nur ein einziges Mal, dass sie nicht einer Meinung waren und es auch blieben. Streit zwischen ihnen erlebte ich niemals. Meine Mutter sagte mir einmal dazu: »Vater und ich haben vereinbart, dass wir niemals ohne vorige Versöhnung zu Bett gehen.« Allerdings hatte dies für uns Kinder auch einen Nachteil, denn wir lernten von unseren Eltern nicht, wie man sich nach einem Streit wieder versöhnt.

Natürlich gab es für mich am Montagmorgen nichts Wichtigeres, als in der Werkstatt des Vaters nach dem Inhalt des Sackes zu schauen: Da fanden sich Holzscheiben für Räder, einige Brettchen und Stangen, ebenso Nägel, ein Hammer und eine kleine Säge. Jetzt begann ich mit meiner Arbeit. Ich war den ganzen Morgen über so beschäftigt, dass ich Mutter, als sie mich zum Essen rief, gar nicht gleich hörte. Im Laufe des Nachmittags musste ich mir eingestehen, dass mein Lastauto mehr einem unbrauchbaren Karren glich als einem Laster. Traurig und enttäuscht legte ich alles in den Sack zurück und stellte diesen in eine Ecke der Werkstatt. Am nächsten Wochenende wusste ich nicht, wie ich es meinem Vater erklären sollte. Dies war jedoch gar nicht nötig, denn er fragte gar nicht, wie ich mit dem Bau des Lasters vorangekommen sei. Er bat mich, beim Zusammenbauen des Lastautos helfen zu dürfen, weil dies für ihn eine große Freude sei. Ich war so erleichtert, dass ich meinem wunderbaren Vater vor Freude um den Hals fiel. Nach wenigen Stunden hatte ich den schönsten Laster auf der ganzen Welt. Noch einige Jahre später war dieser Laster mein allerliebstes Spielzeug.

Das Weihnachtsfest war berauschend: die vielen Spielsachen und vor allem ein Weihnachtsbaum, der bis an die Decke reichte, voll behangen mit Kerzen, Glaskugeln, diversem sonstigen Schmuck und einer Menge Süßigkeiten. Die Äste bogen sich so stark, dass man den Eindruck hatte, sie würden unter der Last brechen. Wenn wir eine Süßigkeit vom Baum essen wollten, mussten wir die Eltern darum bitten, Selbstbedienung war verboten. Die Kirche war an Weihnachten ganz feierlich mit vielen Christbäumen – die größten beim Altar waren beleuchtet – und einer wunderbaren großen Krippe geschmückt.

Meine Mama erzählte mir in diesen Wintertagen auch immer wieder Geschichten von Jesus. »Mama, warum gehen wir nicht jeden Tag zu Jesus in die Kirche?«, wollte ich bei einer solchen Gelegenheit wissen. »Es ist doch viel zu kalt in der Kirche. Du könntest krank werden. Überdies gehen wir ja am Sonntag wieder zur heiligen Messe.« Diese Frage stellte ich immer wieder, jedoch erhielt ich immer eine ähnliche Antwort. Als es draußen wärmer wurde, wiederholte ich diese Frage. Es war schon Mai – in den Monaten ohne den Buchstaben »R« durften wir draußen auch barfuß gehen –, als meine Mutter mich eines Tages rief und mich auf ihren Schoß setzte. »Vater und ich haben beschlossen, dich zu belohnen, da du immer so fleißig mithilfst. Wir erlauben dir, auch werktags hin und wieder in die Kirche zu gehen, wenn schönes Wetter ist und du von selbst rechtzeitig wach wirst.« Vor Freude gab ich meiner Mutter unzählig viele Busserl und drückte sie. Schon am nächsten Morgen weckte ich Mutter, bereits angekleidet, und erklärte ihr, dass ich jetzt zur Kirche gehe. Unser Haus war maximal vierhundert Meter von der Kirche entfernt und vom Küchenfenster aus konnte man den Weg zur Kirche genau überschauen. Etwas verschlafen blickte Mutter auf den Wecker, der ungefähr sechs Uhr anzeigte. »Aber Kind, es ist ja noch viel zu früh, die heilige Messe beginnt doch erst um sieben Uhr. Eine Viertelstunde davor läuten die Glocken. Dann darfst du aus dem Haus gehen. Bitte vergiss nicht, auch für uns zu beten.«

Endlich war es dann so weit. Ich hörte die Kirchenglocken läuten. Mutter hatte schon Jacke und Schuhe bereitgelegt. Ich zog sie schnell an und rannte aus dem Haus hinaus. Atemlos kam ich bei der Kirche an. Als ich durch den Glockenturm in die Kirche eintrat, war niemand zu sehen. Zuerst machte ich mit dem Weihwasser ein Kreuzzeichen und danach eine Kniebeuge. Langsam ging ich dann in jene Bank, in der ich auch sonntags immer saß. Jetzt kam der Mesner aus der Sakristei, sah mich verwundert an, ging zum Altar und zündete die Kerzen an. Dann kam auch der Priester in die Kirche. Als er mich sah, kam er zu mir und sagte: »Sepperl, warum bist du denn hier?« Die Bezeichnung »Sepperl« mochte ich gar nicht. Deswegen antwortete ich etwas karg: »Mutter hat es mir erlaubt.« Nach einem murmelnden »Soso« ging der Priester in die Sakristei. Als schließlich noch drei andere Kirchenbesucher und die Pfarrersköchin eintrafen, war ich etwas erleichtert, denn schließlich wusste ich nicht sicher, wann ich aufstehen, mich setzen oder hinknien musste. Kurz nachdem der Priester mit der Zelebration der heiligen Messe begann, fühlte ich mich von einer wunderbar wohltuenden Geborgenheit umhüllt, ähnlich dem Gefühl, als ob Mutter mich zärtlich umarmen würde. Plötzlich zupfte mich jemand am Jackenkragen und ich hörte eine Stimme – es war die des Mesners: »Bub, es sind schon alle gegangen. Ich muss jetzt auch gehen. Du solltest jetzt lieber auch nach Hause gehen, ansonsten macht sich deine Mutter Sorgen.« Die letzten Worte, dass Mutter sich Sorgen machen würde, ließen mich völlig wach werden. Das durfte auf keinen Fall geschehen. Deshalb sprang ich auf und rannte, so schnell ich konnte, nach Hause. Als Mutter mich zu Hause lachend empfing, fragte sie mich: »Warum hetzt du so, hat es dir nicht gefallen?« – »Es war einfach wunderbar, aber jetzt wollte ich schnell wieder zu dir kommen, damit du dir keine Sorgen machst«, antwortete ich. Dass ich eingeschlafen war, verschwieg ich lieber. Von diesem Tage an besuchte ich so oft wie möglich die Morgenmesse.

Ja, die Eltern achteten darauf, dass unser Familienleben harmonisch ablief. Natürlich gab es auch Regeln, die einzuhalten waren. Dazu gehörten das Händewaschen und das Gebet vor dem Essen. Vor dem Zubettgehen segnete uns die Mutter und verband dies mit einem Gebet, das sie mit uns sprach. Es gab bestimmte Zeiten für das Zubettgehen, die einzuhalten waren. Bis zum Schulalter war dies spätestens um 19 Uhr, egal ob Winter oder Sommer. Grüßen war eine absolute Pflicht, egal ob der Mensch, der einem begegnete, bekannt war oder nicht, auch dann, wenn man diese Person am selben Tag schon fünfmal getroffen hatte. Ich erinnere mich an eine Regel, die ich nie wirklich verstanden habe: Was auf dem Teller lag, musste aufgegessen werden. Davor durfte kein Kind den Tisch verlassen. Wenn eines meiner Geschwister – immerhin hatte ich mit elf Jahren drei Brüder und eine Schwester – den Teller nicht leer essen konnte oder wollte, aß ich deren Teller leer, damit wir endlich den Tisch verlassen durften. Irgendwie hatte ich in derartigen Situationen mit meinen Geschwistern einfach auch Mitleid. Die allerwichtigste Regel war jedoch, dass wir jedes Mal »bitte« sagten, wenn wir irgendetwas wollten. Da waren unsere Eltern sehr genau. Wenn wir das Wort »bitte« nicht sagten, taten sie so, als hätten wir gar nichts gesagt. Genauso wichtig war das Wort »danke«. Dieses forderten die Eltern immer ein, wenn wir es vergessen hatten. Uns Kindern war auch nicht erlaubt, jemanden aus der Ferne zu rufen, wenn dies zu umgehen war. Informationen mussten sozusagen persönlich überbracht werden.

Irritierende (ver-rückte) Kindheitserfahrungen

Jesus ist nicht gefragt

Wenn wir Besuch bekamen, lauschte ich gern den Gesprächen der Erwachsenen. Ich wartete dabei immer auf eine Gelegenheit, Jesus aus der Bibel zu zitieren: »Jesus sagt ...« Die Erwachsenen lachten dabei jedes Mal, auch wenn ich dieses Lachen überhaupt nicht passend fand. Fast immer wurde ich danach von der Mutter mit den Worten: »Josef, geh bitte spielen, wir Erwachsenen wollen unter uns sein«, aus dem Raum geschickt. Jahrelang war der Katechismus – er hatte auch bunte Farben und prächtige Bilder – mein

Lieblingsbuch. Es ist sicherlich jenes Buch, das ich am häufigsten, jedenfalls unzählige Male gelesen habe.

Klaps bei der Erstkommunion

Seit ich regelmäßig die heilige Messe besuchte, wuchs in mir immer stärker die Sehnsucht nach dem Empfang der heiligen Kommunion. Als mir etwas später die Mutter erklärte, dass in diesem kleinen Brot Jesus lebt und nach der Kommunion in den Menschen weiterlebt, die ihn empfangen haben, konnte ich es gar nicht erwarten, dass auch ich endlich Jesus in mir haben konnte. Die letzten Tage vor der Erstkommunion wollten gar nicht vergehen. Endlich war es so weit. Wir Erstkommunionkinder durften uns auf die oberste Stufe des Altares hinknien, um Jesus zu empfangen. Meine Freude und die innerliche Aufregung darüber war offenbar, zumindest vom Priester, nicht zu übersehen, denn kurz vor dem Empfang bekam ich einen Klaps auf die Wange. Ich war total verwirrt und fragte mich, ob man sich nicht freuen darf, wenn man Jesus empfängt? Sind deswegen die Leute in der Kirche so wenig froh, eher sogar traurig? *Jesus, du bist mir sicher nicht böse, wenn ich mich freue.*

Merkwürdige Wanderung

»Josef, wenn du willst, darfst du uns am nächsten Sonntag bei einer Wanderung auf den Jauerling begleiten«, sagte Vater zu mir. Ich war begeistert. Irgendwie hatte ich das Gefühl, jetzt auch zu den Erwachsenen zu gehören. Onkel Franz und Tante Hermine kamen an diesem Sonntag mit ihrem Auto schon in der Früh zu uns. An die Automarke kann ich mich nicht erinnern, das Auto war jedoch groß und hatte reichlich Platz für fünf Personen. So fuhren wir, nachdem auch Tante Anni eingetroffen war – sie blieb bei uns zu Hause und betreute meine Geschwister –, nach Maria Laach. Von dort führten Wanderrouten zum Aussichtsturm auf dem Gipfel des Jauerling. Die Strecke war insgesamt sechs Kilometer lang und es ging meistens leicht bergauf. Ich fühlte mich sehr wohl und es störte mich überhaupt nicht, dass ich der Jüngste von den circa dreißig Teilnehmern der Gruppe war.

Nach etwa zwanzig Minuten spürte ich ein Gefühl, welches ich nur von der Kirche her kannte: eine wohltuende Geborgenheit. Als dieses Gefühl immer stärker wurde, war mir plötzlich klar, dass Gott hier in der Nähe sein musste. Ich hüpfte vor Freude und rief: »Jesus ist da, Jesus ist da.« Mutter bat mich, still zu sein, aber nach einigen Sekunden rief ich wieder: »Jesus ist da.« Und plötzlich standen wir vor einem Marterl. Mir verschlug es die Sprache. Es war ein Marterl mit einer eisernen Tür, zwei kleinen Bildern und in der Mitte einem großen Kreuz. Den meisten Wanderern war nicht bekannt, dass auf dieser Strecke ein Marterl stand. Erst jetzt wurden einige Leute neugierig und wollten wissen, woher ich dies gewusst hatte. Meinen Eltern war dies sichtlich peinlich. Es war auch meine letzte Wanderung mit ihnen in einer größeren Gruppe. Erst viel später erfuhr ich von meinem Großvater, dass dieses Marterl als »Nonnersdorfer Kreuz« bezeichnet wird.

Eine überraschende Ohrfeige

Mein bester Freund hieß Hannes. Er war der Sohn des Schuldirektors. Es war für uns ganz selbstverständlich, dass er zu mir oder auch ich zu ihm nach Hause kam. Auch die Eltern verstanden sich ganz gut. Deshalb saßen wir auch während des Unterrichts nebeneinander auf einer

Schulbank. Eines Tages hatten wir ziemlich zu Beginn der dritten Volksschulklasse wieder einmal eine Rechenstunde. Rechnen gehörte absolut zu meinen Lieblingsfächern. Hannes' Vater schrieb ein Beispiel an die Schultafel und wir sollten – jeder Schüler für sich – das Ergebnis ermitteln. Nach einer Weile fragte der Schuldirektor seinen Sohn nach dem Ergebnis und schrieb dieses als korrekt an die Tafel. Da ich jedoch ein anderes Ergebnis ermittelt hatte, rief ich einfach, ohne vorher die Hand zu heben: »Dieses Ergebnis ist falsch!« Nun rechnete der Schuldirektor das Beispiel selbst nach und ich bekam tatsächlich recht. Mein Ergebnis war richtig. Um dies zu überprüfen, kam der Herr Direktor zu mir an die Bank, beugte sich herunter und sah, dass mein Ergebnis richtig war. Darauf sagte er mit einer eiskalten Stimme: »Aber schön schreiben tust du immer noch nicht!« Nun verlor ich jede Kontrolle über mich, da ich dachte: Was hat Rechnen mit Schreiben zu tun? Diese Stimme konnte ich einfach nicht ertragen. So griff ich blitzartig nach der Krawatte des Schuldirektors, zog daran und gab ihm eine schallende Ohrfeige.

Am liebsten wäre ich im Boden versunken und rutschte auch langsam vom Stuhl auf den Fußboden. In der Klasse war es nun völlig still, die Zeit schien stehen zu bleiben. Ohne ein Wort zu sagen, offensichtlich auch geschockt, ging der Schuldirektor zum Katheder und sagte nach einer Weile: »Kinder, für heute ist Schluss, ihr könnt alle nach Hause gehen.« Auch ich durfte einfach gehen. Still und ziemlich langsam ging ich nach Hause. Eine einzige Frage quälte mich: Was wird der Direktor meinen Eltern sagen, welche Konsequenzen wird dies mit sich bringen, warum konnte ich mich nicht beherrschen? Die nächsten Tage und Wochen vergingen und es gab keinerlei Reaktion. Nun wussten sicherlich schon alle Menschen in unserem Dorf und auch in den umliegenden Dörfern davon, nur meine Eltern hatten keine Ahnung. Nach mehr als einem Monat besuchten meine Eltern die Eltern von Hannes. Mich trieb die Frage um, wie meine Eltern wohl reagieren würden und mit welcher Bestrafung ich wohl zu rechnen hatte? Als sie nach Hause kamen, zitterte ich schon innerlich. Sie sagten jedoch kein Wort über den Vorfall. Meine innerliche Anspannung war so groß, dass ich es meinen Eltern am liebsten selbst gesagt hätte. Vor der Bestrafung hatte ich jedoch noch mehr Angst, sodass ich es nicht wagte.

So verging Woche um Woche, Monat um Monat. In dieser Zeit wagte ich es auch nicht, Hannes zu Hause bei seinen Eltern zu besuchen. Nach Ostern, eher gegen Ende des Schuljahres, kam der Schuldirektor an einem Sonntag zu meinen Eltern nach Hause. Er bat meine Eltern, ich möge beim Gespräch dabei sein. Als meine Mutter mich in die Stube holte, wäre ich am liebsten gestorben. Fast wie in Trance bekam ich mit, wie der Schuldirektor diesen Vorfall meinen Eltern erzählte. Am Ende sagte er zu meinem und wohl auch zum Erstaunen meiner Eltern: »Bestrafen Sie den Buben bitte nicht, mein Fehlverhalten hat ihn sicher dazu provoziert.« Noch heute staune ich über die menschliche Größe des Schuldirektors. Bei der nächsten Gelegenheit sagte ich meinem Freund Hannes, dass er den besten Vater der Welt habe, obwohl ich auch immer sehr stolz auf meinen Vater war. Meine Mutter wollte jedoch von mir wissen, warum ich die Kontrolle über mich verloren hatte. »Es war diese Kälte in seiner Stimme«, mehr konnte ich nicht sagen. Meine Mutter nahm mich in den Arm und schwieg.

Die Albträume …

Kurz nachdem ich begonnen hatte, regelmäßig morgens in die Kirche zu gehen, begannen mich Träume zu quälen, doch gab es auch gute Träume von Jesus. Ein Traum machte mir jedoch besonders zu schaffen. In diesem Traum vollbrachte Jesus Wunder und er ging über das Wasser. Ich wollte auch wie Jesus werden. Der Gedanke, dass ich mit diesem Wunsch doch übers Ziel hinausschieße, kam zwar, aber er konnte mich nicht davon abhalten, weiterhin zu wünschen, wie Jesus zu werden.

Nun kam jedoch in den Träumen immer der Gedanke auf, dass ich das Fenster öffnen und einfach schnurstracks in der Luft hinaus ins Freie gehen könnte, ohne die Erde zu berühren. Obwohl vor dem Fenster draußen Betonstufen waren, hatte ich keine Angst, abzustürzen. Etwas anderes hielt mich jedoch zurück, diesen Traum Realität werden zu lassen: Ich war überzeugt, dass mir das Vorhaben gelingen würde, trotzdem hatte ich Angst davor, nicht mehr zurückkehren zu können. Für mich hätte dies zwar kein besonderes Problem bedeutet, nur meine Mutter wäre sicherlich sehr traurig darüber gewesen und dies konnte ich ihr auf keinen Fall antun. Dieser Traum, einfach ohne Wiederkehr die Erde zu verlassen und in den Himmel zu gehen, verursachte mir einige Qualen, die ich ziemlich oft nach dem Einschlafen durchstehen musste.

Nach einigen Monaten wurden die Träume immer wilder und furchterregender. Wilde Tiere, die sich in Dämonen verwandelten, mich verfolgten und jagten, waren nun immer öfter der Inhalt meiner Albträume. Eines Tages bekam ich schon Angst vor dem Einschlafen, da die letzten Nächte furchtbar gewesen waren. Die Fratzen der Dämonen wurden immer grässlicher und größer. Nachdem meine Mutter aus dem Schlafzimmer gegangen war, drehte ich das Licht wieder an, damit ich möglichst lange nicht einschlafen musste. Die Müdigkeit wurde so groß, dass ich schließlich nach Stunden doch einschlief: Ich sah mich ohne jeden Schutz mitten auf einer Wiese und schon kamen die ersten wilden Tiere angeschlichen. Von drei Seiten kamen sie auf mich zu. Die Gesichter der Tiere verwandelten sich in Fratzen. Jetzt begann ich, wegzulaufen. Langsam kamen die Dämonen in Tiergestalt immer näher. Deshalb musste ich noch schneller laufen. Nur noch wenige Meter waren diese zähnefletschenden Biester von mir entfernt. Ich konnte nicht mehr. Plötzlich lag vor mir eine tiefe Schlucht. Ich hatte keine Wahl. Ich stürzte mich in die Schlucht hinab. Ein harter, schmerzlicher Aufprall. Ich war wach, aus dem Bett gefallen und in Schweiß gebadet. Die Tür ging auf, Mutter stand vor mir und rief entsetzt: »Was ist passiert?« – »Ich kann nicht mehr, ich kann nicht mehr, diese fürchterlichen Gestalten jagen mich zu Tode«, antwortete ich. Meine Mutter versuchte, mich zu trösten. Schließlich nahm sie mich in den Arm, nahm mich mit in ihr Bett und dort schlief ich friedlich den Rest der Nacht.

Am folgenden Tag bat ich Jesus: »Bitte hilf mir, sag mir, was ich tun soll.« Nach dem Abendgebet fragte ich ihn wiederum: »Jesus, was soll ich tun?« Plötzlich kam mir ein Gedanke: »Ich werde nicht mehr weglaufen, ich lasse mich umbringen.« Dieser Gedanke schien mir die einzige Möglichkeit, da ich einfach nicht mehr weglaufen wollte, selbst wenn ich dabei sterben sollte. »Ja, ich lasse mich umbringen.« Diesen Satz sagte ich mir die ganze Zeit vor, bis ich einschlief. Der Traum vom Vortag wiederholte sich, nur die Gestalten wurden noch grässlicher und wilder. Ich lief wieder weg und stürzte in einen tiefen Abgrund. Wieder wachte ich außerhalb des Bettes auf, Mutter jedoch hatte nichts davon gemerkt.

Am folgenden Abend traf ich wiederum die Entscheidung, dass ich mich töten lassen wollte. »Jesus, hilf mir, einfach stehen zu bleiben, egal was geschieht«, mit diesem Gebet schlief ich ein. Wieder stand ich auf einer großen freien Wiese. Die ersten wilden Tiere kamen von links angeschlichen, diesmal hatten sie leuchtende Augen. Auch von rechts schlichen die ersten Tiere heran. Auch vor mir tauchten jetzt riesige Tiere mit leuchtenden Augen auf, die Köpfe verwandelten sich zu grässlichen Fratzen. Jetzt floss auch Blut aus ihren Augen. Ich konnte nicht mehr hinschauen. Sie rasten mit einem fürchterlichen Lärm auf mich zu. Ich schloss die Augen. Es war zu spät. Ich konnte nicht mehr entrinnen. Sobald sie mich jedoch erreichten, lösten sich diese Ungeheuer in Luft auf. Alle Dämonen waren verschwunden. Eine unglaubliche Stille, ein wunderbarer Frieden breitete sich aus. Es war vorbei. Nie wieder hatte ich einen Albtraum in meinem Leben. Danke Jesus, halleluja!

Mein Wunschtraum zerbricht

Seit meinem fünften Lebensjahr gab ich immer die gleiche Antwort auf die Frage: »Was möchtest du einmal werden, wenn du groß bist?« – »Ich werde Priester, nein, ich werde lieber Missionar, denn den Priestern geht es viel zu gut.« So entstand bald der Plan, dass ich nach der Volksschule auf das Gymnasium eines Ordenshauses wechseln sollte, um diesen Weg gut vorzubereiten. Gegen Ende der vierten Volksschulklasse wurde die Sehnsucht, endlich auf dieses Gymnasium zu wechseln, immer stärker. Vater hatte schon alles organisiert. Ein Abt wollte gegen Ende der Sommerferien kommen, mit dem ich dann auch gleich in das Internat des Ordens mitfahren sollte.

In der letzten Augustwoche war es endlich so weit. Am Mittwoch sollte der Abt beim Pfarrer eintreffen und am Donnerstag zu uns kommen. Ich fragte die Mutter immer wieder, ob sie für mich schon alles gepackt habe. Meine Mutter antwortete jedes Mal: »Es liegt alles bereit. Jetzt warten wir erst das Gespräch ab, dann kann ich immer noch die Koffer packen.« Es war bereits Donnerstag nach 14 Uhr und von dem Abt war noch nichts zu sehen. Obwohl es ein wunderschöner, sonniger Tag war, blieb ich in der Stube, saß am Fenster und hielt ständig Ausschau nach dem Abt. Wenige Minuten nach 15 Uhr war es so weit. Ich sah, wie der Abt von der Straße in den Weg einbog, der zu unserem Haus führte. Ich war sehr aufgeregt. Da nahm mich Mutter bei der Hand und sagte: »Komm, wir wollen dem Abt entgegengehen.« Ungefähr dreißig Meter vor unserem Haus standen wir uns gegenüber. Meine Mutter wollte dem Besucher die Hand reichen, doch der Abt ignorierte dies. Mein »Gelobt sei Jesus Christus« wurde auch ignoriert. Anstelle eines Grußes sah er mich schweigend an. Nach ungefähr einer Minute sagte er mit einer eisigen Stimme: »Ich war beim Herrn Pfarrer. Er sagt, du bist nicht sonderlich sprachbegabt.« Meine Mutter stotterte beinahe: »Hochwürdigster Herr Abt, kommen Sie doch bitte ins Haus. Ich habe Kuchen und Kaffee vorbereitet.« Der Abt antwortete: »Ich habe heute keine Zeit. Es warten noch andere Menschen auf mich. Ich komme morgen wieder. Dann können wir alles besprechen.«

Mit diesen Worten drehte der Abt sich um und ging, ohne ein Wort des Grußes zu sagen. Diese Kälte war für mich unerträglich. Ich empfand die Ausstrahlung des Abtes alles andere als angenehm. Auch meine Mutter war ziemlich irritiert: So von oben herab, ohne ein Wort des Grußes, war meine Mutter wohl noch nie behandelt worden. Wir beide wussten nicht, was wir dazu sagen sollten, und schwiegen daher lieber für den Rest des Tages.

Als ich am Abend im Bett lag, begann ich zu beten: »Jesus, bitte hilf mir. Diese Kälte und Lieblosigkeit des Abtes kann ich einfach nicht ertragen. Bitte vergib mir, aber mit diesem Abt kann ich nicht mitgehen. Soll dies nur eine Prüfung für mich sein? Habe ich zu wenig Demut? Dieser Abt hat doch mit der Liebe Gottes überhaupt nichts zu tun.« Die ganze Nacht konnte ich kein Auge zumachen. Es war die schlimmste Nacht meines Lebens, in der ein Kampf und ein Ringen zwischen der Feststellung: »Diese Kälte kann ich nicht ertragen«, und der Frage: »Habe ich zu wenig Demut?«, stattfand. Ich empfand mich als unwürdig, Gott zu dienen. Am liebsten wäre ich einfach gestorben. Letztendlich traf ich eine folgenschwere Entscheidung: »Jesus, wenn ich der Liebe Gottes in der Kirche nicht begegnen kann, will ich dort auch nicht dienen.«

Als ich meiner Mutter morgens begegnete, brauchte ich kein Wort zu sagen. Sie sah mich an und fragte: »Kannst du mit dem Abt nicht mitgehen?« – »Mutter, er ist so eiskalt, ich will ihn gar nicht mehr sehen.« Mutter nahm mich in den Arm und drückte mich fest an sich. Das tat unendlich gut. Dann gab sie mir von dem Kuchen, der für den Abt gedacht war, und machte mir eine große Tasse Kakao. Danach durfte ich bei Mutter im Bett schlafen. Sie wollte mich noch etwas trösten, doch ich schlief vor Müdigkeit schnell ein.

Im Schlaf verspürte ich eine unglaubliche Wärme und Geborgenheit: Ich öffnete meine Augen: Das Zimmer wurde von einem hellen Licht durchflutet. Ich wusste nicht, ob ich wirklich wach war, da hörte ich eine angenehme männliche Stimme, die zu mir sagte: »Josef, sei nicht traurig. Es ist nicht notwendig, Theologie zu studieren, du bekommst alles zur rechten Zeit vom Heiligen Geist. Ich kenne deine Sehnsucht nach Geborgenheit und Liebe.« Mein Herz raste vor Aufregung und Freude. Dann wurde es wieder ruhig und ich war unendlich glücklich. Langsam wurde das Licht im Raum schwächer, bis es schließlich völlig verschwand. Das Zimmer war wieder dunkel.

Jetzt wurde mir bewusst, dass ich den ganzen Tag verschlafen hatte. Dieses Licht, diese so wohltuende Stimme! Ich legte meine linke Hand auf mein Herz und sagte leise: »Jesus, warst du jetzt bei mir?« Mein Herz hüpfte wieder stärker und dies bedeutete für mich ein überzeugendes Ja. Völlig glücklich schlief ich wieder ein.

Eine wichtige Erkenntnis

Anstelle des Gymnasiums in einem Ordenshaus besuchte ich nun die Hauptschule in einem nahe gelegenen Ort. So konnte ich weiterhin geborgen in der Familie leben und auch meine liebgewonnene Kirche besuchen. Die heilige Messe endete um 7.30 Uhr und der Schulbus kam um 7.40 Uhr. Inzwischen hatte ich auch einen neuen Traumberuf gefunden: Flugpilot oder auch Flugkapitän. Nach der Hauptschule wollte ich die Höhere Technische Bundesanstalt besuchen, damit ich die besten Voraussetzungen für meinen neuen Traumberuf erhalten konnte. Eine Ausbildung zum Priester gehörte aufgrund meiner Lichterfahrung in der Nacht nach meiner schlimmsten Nacht des Lebens nicht mehr zu meinen Plänen. Das Loslassen meines großen Kindheitstraumes hatte mir ein neues Ziel ermöglicht.

Inzwischen waren drei Jahre vergangen und ich hatte wieder größere emotionale Schwierigkeiten durch ein eiskaltes Verhalten einer Person, der ich vertraute. Wiederum konnte ich meine extreme Verletzlichkeit und meine totale Hilflosigkeit nicht verstehen. Als ich davon meiner Mutter erzählte, antwortete sie: »Josef, ich möchte dir etwas erzählen. Vielleicht hilft es dir. Morgen Abend können wir einen Spaziergang machen. Ist dies für dich in Ordnung?« Über dieses überraschende Angebot war ich sehr erfreut und wartete neugierig auf den nächsten Abend.

»Mir macht es Freude, mit dir ganz allein einen Spaziergang zu machen«, eröffnete meine Mutter unser Gespräch. Ja, wir hatten eine ganz intensive und sehr positive Beziehung und so plauderten wir, als wir einen Waldweg entlang wanderten. »Komm, wir gehen den schmalen Steig hoch bis zur Hochwiese und genießen dort den Sonnenuntergang.« Mutter hatte diesen Satz kaum fertig gesprochen, als sie schon ziemlich schnell losmarschierte. Deshalb blieb mir nichts anderes übrig, als hinterherzugehen. Nach gut fünfzehn Minuten kamen wir atemlos am Ziel an. Es war zwar nur leicht, doch ständig bergauf gegangen. Mühsam waren die letzten Schritte bis zu einer Bank am Waldrand, doch frohgemut setzten wir uns. Dieser wunderbare Platz lag auf der nördlichen Seite des Jauerling. Direkt vor uns breitete sich eine wunderbar saftige, grüne Wiese mit einer Vielzahl an Kräutern aus. Hinter uns befand sich ein Mischwald, rechts ging der Blick in Richtung Spitzer Graben, gegenüber und auf der linken Seite lag das Waldviertler Hügelland. Die Sonne stand schon ziemlich tief. Es würde nicht mehr lange dauern, bis sie unterging. Deshalb nahm meine Mutter jetzt meine rechte Hand und begann zu sprechen: »Josef, bitte höre mir einfach zu und unterbrich mich nicht. Ich möchte nichts vergessen und die Sonne steht schon tief. Wir haben nicht viel Zeit. Fragen kannst du auch auf dem Rückweg stellen oder wir nehmen uns morgen dafür die Zeit.« – »Mama, mach es doch nicht so spannend, fang einfach an.« Mit diesen Worten rückte ich ganz nahe an sie heran, voll Erwartung, was sie mir wohl erzählen würde. Nun machte meine Mutter noch einen tiefen Seufzer und begann zu sprechen:

»Wie du ja schon weißt, bist du in Zeining im Elternhaus deines Vaters zur Welt gekommen. Als ich mit dir schwanger wurde, zog ich in das Elternhaus deines Vaters. Am 13. Oktober 1948 kamst du kurz nach 18 Uhr zur Welt. Dieser 13. Oktober war auch mein Wunschdatum für deine Geburt, denn es ist ein besonderer Tag der Himmelsmutter, der Tag des Sonnenwunders in Fatima. Davon erzähle ich dir später einmal mehr. Die Geburt selbst war zwar sehr schmerzlich und hat auch lange gedauert, jedoch hatte ich es mir schlimmer vorgestellt. Es war einfach wunderbar, als die Hebamme dich in meine Arme legte. Ich war unendlich glücklich.

Am dritten Tag nach deiner Geburt bekamst du etwas Fieber. Dieses Fieber wurde immer stärker. Die Hebamme bestellte den Hausarzt, der schließlich am 19. abends auch kam. Er diagnostizierte eine schwere Infektionskrankheit und riet uns, dich dringend in ein Krankenhaus zu bringen. Dein Vater ging zu meinen Eltern, erklärte ihnen die Situation und bat für den nächsten Tag um eine Pferdekutsche für den Transport zum Krankenhaus. Schon früh am Morgen brachte mein Vater das Gespann. Zum Glück hatte die Kutsche eine Überdachung, denn es begann zu schneien. Fest in Decken eingewickelt, saß ich mit dir in den Armen hinten in der Kutsche, dein und mein Vater saßen auf dem Kutschbock. So fuhren wir los. Der Schneefall entwickelte sich rasch zu einem Schneetreiben. Dein ständiges Weinen ging in ein jämmerliches Wimmern über. Ich bekam Angst, ob wir es schaffen würden, dich überhaupt lebend ins Krankenhaus zu bringen, da es immerhin gute fünfundzwanzig Kilometer bis zum Krankenhaus in Melk waren. Meinem Vorschlag, dich im nächsten Ort Heiligenblut vom Priester taufen zu lassen, stimmten die Männer gleich zu.

Beim Pfarrhof angekommen, lief dein Vater die Stufen hinauf und läutete ziemlich stürmisch. Kurz darauf öffnete der Pfarrer die Tür und dein Vater kam nach einem kurzen Wortwechsel auch schon wieder zurück. Er sagte zu mir: ›Du kannst mit dem Kind in der Kutsche sitzen bleiben. Der Pfarrer macht eine Nottaufe. Den Papierkram können wir in den nächsten Wochen erledigen.‹ So wurdest du am 20. Oktober in einer Pferdekutsche getauft. Ohne noch mehr Zeit zu verlieren, fuhren wir weiter. Je ruhiger du in meinen Armen wurdest, umso mehr Sorgen machte ich mir um dich. So begann ich zu beten: ›Maria, du himmlische Mutter, bitte lass nicht zu, dass mein Kind stirbt.‹ Als wir endlich nach fast drei Stunden beim Krankenhaus ankamen, dachte ich, du seist schon tot, denn du lagst total leblos in meinen Armen. Vater nahm dich dann aus meinen Armen und trug dich ins Krankenhaus. Ich blieb sitzen, weil ich mich einfach nicht mehr bewegen konnte.«

Jetzt wurde meine Mutter still und begann zu weinen. »Aber Mama, warum weinst du? Ich sitze doch hier bei dir und lebe«, versuchte ich meine Mutter zu trösten. Nach einer Weile fuhr sie fort: »Als Vater aus dem Krankenhaus zurückkam, erzählte er, dass du noch ein Lebenszeichen von dir gegeben hattest. Du wurdest in eine Baracke hinter dem Krankenhaus gebracht, wo auch andere Kinder mit Diphterie untergebracht waren. Ich war total überfordert und müde, als dein Vater sich zu mir setzte, sodass ich gleich einschlief. Zu Hause angekommen, weckte mich dein Vater auf und brachte mich ins Bett. Es dauerte fürchterliche acht Wochen, bis ich dich endlich wieder in die Arme nehmen konnte. – Jetzt aber schnell, wir müssen nach Hause, es wird schon finster.« Obwohl wir den holprigen Waldweg gut kannten, war es nicht so einfach, in der Dunkelheit schnell voranzukommen. Wir mussten uns derart auf unsere Schritte konzentrieren, dass wir kein Wort sprechen konnten.

Als wir endlich zu Hause ankamen, wurde meine Mutter von den Geschwistern belagert und ich zog mich nachdenklich zurück. Schließlich machte ich mich für die Nacht zurecht und ging ohne Abendbrot ins Bett. Üblicherweise verrichtete ich meine Gebete am liebsten vor dem Einschlafen im Bett, doch heute konnte ich auch nicht richtig beten, denn meine Gedanken kreisten ständig um die Erzählung meiner Mutter. Je länger ich darüber nachdachte, umso intensiver spürte ich, dass ich eine Erinnerung an diese Zeit im Krankenhaus in mir trug. Da ich mit dieser Erinnerung gedanklich beschäftigt war, schloss ich meine Augen und beobachtete meinen Atem. So konnte ich immer tiefer in mich hineinfühlen. Plötzlich spürte ich, wie ich irgendwo völlig hilflos lag.

Absolute Stille, kein Wind bewegt die Blätter zu einem sanften Rauschen, kein Wasser plätschert über die Steine den Bach entlang, kein Ton von irgendeinem Musikinstrument, kein Lebewesen gibt einen Laut von sich. Absolute Stille und vollkommene Finsternis umgeben mich. Nur mich selbst kann ich fühlen. Es ist, als würde dieser Mantel aus Stille und Finsternis mich ganz zärtlich umhüllen und auch wärmen. Plötzlich, wie ein Donner in einer übernatürlich eisigen Nacht, durchdringt mein ganzes Wesen eine knallharte Stimme mit den Worten: »Lebt er überhaupt noch, verschwenden Sie nicht Ihre Zeit? Wenn er schon tot ist, bringen Sie ihn doch weg!« – »Mit einem Wickel möchte ich dem armen Kind noch etwas Wärme geben«, sagt eine andere Stimme eher bebend, dennoch gefühllos und nüchtern. Ich friere, ja, ich habe das Gefühl, dass ich erfriere. Können Lebewesen so eiskalt, so lieblos sein? Die Finsternis ist geblieben und die Stille kehrt wie eine ganz dünne, zärtliche Decke wieder langsam zu mir zurück.

Jetzt riss ich die Augen auf. Ja, das war es, es musste diese Erinnerung sein, die in meinem Unterbewusstsein abgespeichert war. Sie verursachte in mir derartige Gefühlskapriolen, dass ich die Kontrolle über mich verlieren konnte, wenn mir jemand mit eiskalten Worten begegnete. Diese Erkenntnis war für mich wie eine Befreiung von Fesseln. Zwar hatte ich in derartigen Situationen immer noch mulmige Gefühle, jedoch konnte ich mir jetzt besser helfen, indem ich irgendetwas Positives sagte und versuchte, die Begegnung zu beenden.

Die Jenseitserfahrung

Schon im Sommer 1964 litt ich an einer Grippe, die nicht richtig ausheilen wollte. Zum Schulbeginn im September war ich halbwegs gesund. Das Wetter war überdurchschnittlich kühl und nass. Dazu kam, dass ich auch keine besondere Lust zum Lernen hatte. Inzwischen besuchte ich die Höhere Technische Bundeslehranstalt für Elektrotechnik in St. Pölten. Während der Wochentage wohnte ich im Internat. Nach meinem Geburtstag am 13. Oktober versuchte ich, mich auf das Lernen zu konzentrieren, auch wenn es mir schwerfiel. Mitte November fehlte ich in der Schule wieder zwei Wochen lang aus Krankheitsgründen. Am Mittwoch, 2. Dezember, fühlte ich mich schon wieder ziemlich krank und am Donnerstag kamen starke Bauchschmerzen dazu. Dennoch wollte ich die Schule keine weiteren Tage versäumen. Am Freitagmorgen ging ich zum Arzt, der mir ein paar Medikamente verschrieb. Auf dem Weg vom Arzt zur Schule wurden die Bauchschmerzen ziemlich stark, die dann jedoch plötzlich rasch milder wurden. In der Schule konzentrierte ich mich ziemlich stark auf den Unterricht. Ich hatte jedoch keinen Appetit. Deshalb trank ich in der Mittagspause eine Flasche Schulmilch. Am Freitagabend packte ich meine Reisetasche, damit ich am Samstag nach Schulschluss rasch zum Bahnhof gehen konnte, um die Heimreise anzutreten. Ohne Frühstück ging ich am nächsten Tag zur Schule, war jedoch etwas müde, was ich auf meine verschleppte Grippe zurückführte. In der großen Pause trank ich wieder ein Glas Schulmilch. Nun erwartete ich schon sehnlichst die Heimreise. Um 12 Uhr war Unterrichtsschluss. Ich ging sofort danach ins Internat, holte meine Reisetasche und eilte zum Bahnhof. Den Personenzug um 12.35 Uhr nach Melk erwischte ich gerade noch. In Melk stand an der Haltestelle schon der Autobus in Richtung Pöggstall zur Abfahrt bereit. Obwohl dieser Bus nicht direkt zu meinem Heimatort fuhr, war ich sehr froh, diesen doch noch erwischt zu haben. Ansonsten hätte ich fast zwei Stunden lang auf den direkten Bus warten müssen. Diesen Bus verließ ich bei der Haltestelle »Am Schuss«. Von dort musste ich gute zwei Kilometer zu Fuß nach Heiligenblut gehen. Als ich zu Hause ankam, war meine Mutter zuerst überrascht, denn sie hatte mich erst zwei Stunden später erwartet. Sie sah mich an und fragte: »Josef, ist mit dir etwas, bist du krank?« – »Mama, ich bin nicht ganz fit, wird nichts Besonderes sein«, war meine Antwort. Allerdings hatte ich die letzten Tage kaum etwas zu mir genommen, weil ich einfach keinen Appetit hatte.

Am Montagmorgen überraschte mich meine Mutter sehr bestimmt mit den Worten: »Josef, du fährst heute nicht zur Schule. Ich habe schon den Arzt angerufen und ihn gebeten, zu kommen.« Widerstandslos ging ich wieder ins Bett und schlief auch gleich wieder ein. Wenig später weckte mich meine Mutter, denn der Hausarzt war schon eingetroffen. Nach einer kurzen Untersuchung diagnostizierte der Arzt: »Es wird wohl eine Bauchgrippe sein.« Meine Mutter wollte diese Diagnose, obwohl sie sehr großes Vertrauen zu unserem Hausarzt hatte, nicht akzeptieren und meinte ständig: »Ist es nicht doch etwas anderes, ich habe so ein ungutes Gefühl?« Schließlich ließ sich der Hausarzt, um meine Mutter zu beruhigen, doch so sehr

verunsichern, was seine Diagnose betraf, dass er schließlich sagte: »Damit wir keinen Fehler machen, schicken wir
den Buben zur Beobachtung ins Krankenhaus.« Die Ret-
tungsleitstelle wurde von ihm auch sofort verständigt.
Meine Mutter fing an, alles einzupacken, was ich für einen
Krankenhausaufenthalt brauchte. Es war auch selbstverständlich, dass mich meine Mutter ins Krankenhaus be-
gleitete. Deshalb verständigte sie eine Nachbarin, damit
diese in der Zeit ihrer Abwesenheit meine Geschwister be-
treuen konnte.

Es verging keine Stunde, nachdem der Hausarzt uns
verlassen hatte, da stand die Ambulanz auch schon vor
dem Haus. Weil ich kein Notfall war, wurden während
der Fahrt auch kein Blaulicht und kein Martinshorn eingeschaltet. Dennoch ging es sehr zügig durch das Weitental
in Richtung Donau. Als wir gegenüber von Melk die Fähre
erreichten, brauchten wir nur wenige Minuten zu warten,
bis die Fähre am Ufer anlegte, wir auf die Fähre fuhren
und die Donau überquerten. Von dort ging es schnell
zum Krankenhaus, wo ich von der Aufnahme zur Erst-
untersuchung gebracht wurde. Dort warteten wir – meine
Mutter und ich – ein paar Minuten, bis die Tür aufging
und eine Krankenschwester den Raum betrat und uns mit-
teilte, dass der Primararzt des Hauses gleich kommen werde. Tatsächlich kam er kurz danach, zusammen mit einer
Krankenschwester, und untersuchte mich. Als er die Untersuchung beendet hatte, sah er mich an und schwieg.
Nach gut zwei Minuten absoluter Stille sagte er: »Blind-
darmdurchbruch, Bauchfellentzündung, keine Chance,
dies zu überleben.«

Meine Mutter drückte meine Hand so fest, als wollte sie
mich festhalten oder sich an mir festhalten, damit sie nicht
in Ohnmacht fiel. Als ich sie anblickte, sah ich, dass meine

Mutter sehr viel mehr erschrocken war als ich. Sie war blass wie Kreide und zitterte am ganzen Körper. So vergingen ein paar Minuten in völliger Stille, bis der Arzt endlich wieder etwas sagte: »Frau Atzmüller, ich möchte Ihren Sohn operieren. Es gibt jetzt ganz neu ein Netz, das man in den Bauchraum einnähen kann. Ich muss Sie jedoch darauf aufmerksam machen, dass Ihr Sohn trotzdem keine größere Chance hat, dies zu überleben.« Meine Mutter saß wie angenagelt auf einem Stuhl und sagte kein Wort, selbst dann nicht, als ich aus dem Zimmer geschoben und in den Operationssaal gebracht wurde.

Nach der Operation

Kein Licht, es war dunkel, und ich lag in einem Bett. Plötzlich hörte ich Geräusche vor dem Zimmer. Die Tür ging leise auf. Vom Gang drang etwas Licht ins Zimmer. Eine Krankenschwester kam herein, sah, dass ich wach war, und erkundigte sich ganz leise nach meinem Befinden. Ich nickte nur und die Krankenschwester verließ das Zimmer so leise, wie sie gekommen war. Langsam begriff ich, dass ich im Krankenhaus lag. »Wie wird es wohl meiner Mutter gehen?«, fragte ich mich. Ich vermutete, dass sie nach Hause gefahren war, um sich um meine Geschwister zu kümmern. Ich begann zu beten: »Lieber Gott, Jesus, bitte behüte meine so liebe Mama.«

Zu viel mehr reichte es nicht, denn ich schlief gleich wieder ein. Wach wurde ich wieder durch ziemlich viel Lärm im Zimmer. Jetzt sah ich, dass noch drei weitere Männer in den Betten lagen und dass mehrere in Weiß gekleidete Frauen umhergingen. Zwei Schwestern teilten das Frühstück aus. Um mich kümmerte sich niemand. Ich dachte: »Das kann doch nicht wahr sein, dass ich kein Frühstück bekomme.« Deshalb versuchte ich, mich bemerkbar zu machen und so laut wie möglich zu sagen, dass ich auch ein Frühstück bekommen wollte. Nach mehreren Versuchen erbarmte sich eine Schwester, gab mir eine Semmel und eine Tasse Tee. Vom Tee nahm ich einen Schluck und in die Semmel wollte ich gerade hineinbeißen, als die Tür aufging und der Chefarzt hereinkam. Als er sah, dass ich eine Semmel in der Hand hielt, brüllte er, so laut er nur konnte: »Wer ist in diesem Hause so blöd und kann meinen Anweisungen nicht folgen? Hier hängt eindeutig ein Schild: kein Frühstück!« Er riss mir die Semmel aus der Hand, schaute mich fast wie einen Geist an, sagte jedoch kein Wort zu mir und verschwand.

In Abständen von etwa einer Stunde kam ein Arzt vorbei, sah nach mir und ging wieder. Wenn ich fragte, was denn sei, bekam ich keine Antwort. Erst am späteren Nachmittag bekam ich die Auskunft: »Wir können das nicht verstehen.« Auf meine Frage, was sie nicht verstehen konnten, sagte der Arzt: »Als wir deine Bauchdecke öffneten, waren schon Teile in der Bauchhöhle brandig. Wir reinigten diese, so gut wir konnten, unterließen es jedoch, das beabsichtigte Netzteil einzusetzen. Wir nähten den Bauch einfach wieder zu. Du liegst hier im Bett, als wäre es nichts Ernsthaftes.«

Mir war sofort bewusst, was diese Aussage für mich bedeutete. Die Müdigkeit war jedoch so groß, dass ich trotz dieser lebensbedrohlichen Information rasch einschlief. Wenig aufbauend war am nächsten Tag auch die Aussage eines Bettnachbarn, der mehr murmelte als sprach: »Dir geht es aber auch nicht gut. In diesem Zimmer hier gehören wir alle zu den hoffnungslosen Fällen. Der beim Fenster hat vermutlich auch nur noch einen

Tag.« Da schloss ich die Augen, um mit ihm nicht sprechen zu müssen.

Am Nachmittag kam wieder jener Arzt, der mir am Vortag auf meine Frage geantwortet hatte. Er setzte sich zu mir ans Bett und sagte: »Mein Name ist Thöni, Herbert Thöni, ich bin ein Sohn deines Hausarztes. Sollen wir zusammen etwas spielen, vielleicht ein Kartenspiel?« Ich mochte diesen Arzt. Er war so menschlich und warmherzig. Daher nickte ich zustimmend. Er hatte schon Spielkarten dabei und so spielten wir eine Weile. Als er merkte, dass es für mich zu anstrengend wurde, sagte er: »Es ist besser, wenn ich jetzt gehe. Du spielst aber schon ganz gut Karten. Morgen komme ich in meiner freien Stunde wieder und dann bitte ich dich um eine Revanche.« Er wartete meine Antwort gar nicht ab, sondern ging mit den Worten: »Also, bis morgen.« In den nächsten Tagen schlief ich sehr viel, manchmal hatte ich den Eindruck, als wäre meine Mutter bei mir. Ich konnte Traum und Realität nicht mehr so richtig unterscheiden. Wenn ich allerdings wirklich wach war, wollte ich nicht nur im Bett liegen und auf meinen Tod warten. Da stand ich auf und machte ein paar Schritte. Manchmal schaffte ich es bis zum Gang hinaus. Dann kam oft rasch der Zeitpunkt, an dem ich die höllischen Schmerzen im Bauch nicht mehr ertragen konnte und vor Schmerz bewusstlos zusammenbrach.

Als ich wieder aufwachte, saß meine Mutter an meinem Bett und hielt meine Hand. Sie schaute mich mit einem wunderbaren, liebevollen Blick an und sagte mit ihrer unverkennbaren, sanften Stimme: »Der Arzt hat mich wieder für ein paar Minuten zu dir gelassen. Es ist schön, deine Augen offen zu sehen.« Ich fragte immer: »Mama, welcher Tag ist heute und wie geht es euch zu Hause?« – »Uns geht es gut, mach dir keine Sorgen. Heute ist Montag, der

14. Dezember. Vor einer Woche bist du eingeliefert worden. Die Ärzte sagten, dass du so geduldig und tüchtig bist. Morgen bringen sie dich wieder in den Operationssaal. Sie wollen überprüfen, ob sie für deinen Bauch etwas tun können.« – »Du bist die wunderbarste und beste Mama der Welt ...«, irgendwo in diesem Satz verlor ich wieder das Bewusstsein. Späteren Informationen zufolge war auch dieser Versuch der Ärzte, eine Besserung herbeizuführen, erfolglos.

Mein letzter Tag, der 19. Dezember 1964

Am Freitag informierten die Ärzte meine Eltern, dass ich den Samstag vermutlich nicht mehr überleben würde und dass sie daher während des ganzen Tages – dies galt auch für die Verwandten – Besuchserlaubnis hätten.

Die ersten Besucher an diesem Samstag waren meine Eltern. Sie waren in ihre schönsten Gewänder gekleidet. Vater half meiner Mutter aus dem eleganten dunkelgrauen Mantel, der mit einem Nerzkragen besetzt war. Darunter kam ihr Lieblingsdirndl in roten Farbtönen zum Vorschein, darüber trug sie eine weiße Wollstrickjacke. Vater zog seine lange, mit einem Schaffell gefütterte Lederjacke aus. Nun stand er da in einem eleganten dunkelgrauen Anzug. Ich konnte mich nicht erinnern, diesen schon einmal gesehen zu haben. Mutter kam auf mich zu, küsste mich auf die Stirn, lächelte mich an und strich mit ihrer rechten Hand zärtlich über meine Wange. Vater stand etwas unruhig am Fußende meines Bettes und machte keinerlei Anstalten, mich zu begrüßen. Ich überlegte, was wohl mit ihm los sein könnte, da er nicht zu mir herkam. Ich wollte ihn zu mir rufen, auch ein Zeichen mit der

Hand geben, jedoch niemand reagierte darauf. Mir wurde plötzlich klar, dass die Eltern mich gar nicht hören konnten und dass ich meine Hände gar nicht wirklich bewegen konnte. Für meine Eltern war ich bewusstlos. Trotzdem machte es mich glücklich, meine Eltern zu sehen. Mir war bewusst, dass sie meine letzten Stunden auf dieser Welt mit mir verbrachten.

Woher wusste ich, dass es meine letzten Stunden auf dieser Welt sein sollten? Auf diese Frage kann ich auch heute keine ausreichende Antwort geben. Jedenfalls konnte ich spüren, wie es den Besuchern ging, zum Teil auch, was sie dachten. – Die Menschen strahlen ihre Gedanken auch aus, man merkt sogar, wenn ihre Aussagen mit ihren wahren Gedanken nicht ganz übereinstimmen.

Inzwischen kamen mehrere Verwandte und Freunde an und ich war darüber erstaunt, wie der sonst so absolut sicher auftretende Onkel Emerich völlig hilflos herumstand, nicht wusste, was er sagen sollte und irgendetwas erzählte. So erzählte Onkel Emerich auch von einem Missgeschick beim Autobahnbau in der Nähe von Melk, an dem er beteiligt war: Beim Aufbau des Untergrundes wurde billiges, schlechtes Material verwendet, was dazu führte, dass ein paar Kilometer Straße wieder abgebaut und neu gemacht werden mussten. Als ich über zwanzig Jahre später Onkel Emerich von seiner Erzählung berichtete, war er total erstaunt, denn das hätte eigentlich geheim bleiben sollen. Ähnlich wie Onkel Emerich ging es fast allen Besuchern. Man vermied, von mir oder über mich zu sprechen. Niemand wagte zu sagen, dass ich im Sterben liege. Angst vor dem Sterben – dieses Wort »Sterben« klingt ziemlich schlimm für die Menschen – konnte ich jedoch auch jetzt nicht empfinden. Ein tiefes Vertrauen sagte mir, dass es nichts Schlimmes sei, diese Welt zu verlassen.

Mehr noch, es stärkte in mir die Hoffnung, für immer in der Geborgenheit Gottes zu leben: Seine Nähe konnte ich fühlen. Deshalb ist das Sterben kein Ende, sondern der Beginn des ewigen Lebens. Wirklich nahe war mir jetzt auch meine Mutter. Sie sprach kein Wort, saß auf einem Stuhl neben dem Bett, sah mich liebevoll an und berührte mich immer wieder ganz zärtlich. Meine Gedanken gingen zu meinen vier Geschwistern und ich bedauerte, dass sie nicht mitgekommen waren. Gern hätte ich sie noch einmal gesehen. Ihre Abwesenheit machte mich doch etwas traurig, denn Sterben ist doch ein besonderes Ereignis, dachte ich mir.

Um 16 Uhr kam ein Priester mit zwei Ministranten. Ich wusste, dass es 16 Uhr war, da mein Vater auf seine Armbanduhr blickte und dabei dachte, dass es jetzt Punkt 16 Uhr sei, wie vom Priester zugesagt. Die beiden Ministranten zündeten jeweils eine Kerze an und hielten diese in der Hand. Mich beschäftigten plötzlich folgende Gedanken: »Um Gottes Willen, so kann ich doch nicht vor Gott treten, so kann er mich doch jetzt nicht mit seiner vollkommenen Liebe umarmen. Bevor ich dieses heilige Sakrament empfange, muss ich noch beichten.« Jetzt wollte ich dem Priester mein Verlangen nach einer Beichte unbedingt klarmachen. Dieser konnte jedoch nicht verstehen, was ich wollte. Deshalb bemühte ich mich noch intensiver, mein Begehren dem Priester klarzumachen. Die Folge war, dass der Priester seinen Job so schnell wie möglich erledigte. Über die für mich so lieblos wirkende Handlung des Priesters war ich sehr verärgert. Ich hatte erwartet, dass ich mit dem Empfang der »Letzten Ölung« – so nannte man bei uns damals das Sterbesakrament – Gott begegnen und in die Liebe Gottes aufgenommen werden könnte. Der Priester verließ nun mit den Ministranten das Zimmer. Nun gingen auch die Besucher; die letzten, die gingen, waren meine Eltern. Es muss gegen 19.20 Uhr gewesen sein, denn um 19.30 Uhr fuhr der letzte Autobus von Melk in Richtung Heiligenblut. An die Verabschiedung kann ich mich nicht mehr erinnern. Alles andere habe ich während der Zeit, in der die Besucher bei mir waren, bewusst miterlebt. Tot war ich immer noch nicht. Ich wurde jedoch in ein Einzelzimmer verlegt.

Mein Weg ins Jenseits

Ganz allein zu sein, war doch ein etwas eigenartiges Gefühl, noch dazu in einem Raum, in dem nur wenig Licht zu sein schien. Jetzt fiel mir auf, dass ich seit dem Empfang des Sterbesakramentes keinerlei Schmerzen mehr hatte, na ja, spüren konnte ich schon noch, dass der Körper nicht ganz heil war, aber es belastete mich nicht mehr oder vielleicht war es mir auch nur vollkommen egal.

»Jesus, ich danke dir, ich bin gar nicht allein, du bist mit mir.« Diese Gedanken an Gott gaben mir eine wunderbare Wärme, einen Frieden und eine unglaubliche Gelassenheit. So stellte ich mir eine Verklärung vor.

In dieser grenzenlosen Geborgenheit dachte ich plötzlich an jene Menschen, die mir unrecht getan hatten. Gern hätte ich jetzt jeden Einzelnen besucht und ihm gesagt: »Es hat mir sehr wehgetan, wie du gegen mich agiert und Halbwahrheiten über mich erzählt hast. Aber nun habe ich dir alles vergeben, du brauchst dir deswegen keine Sorgen mehr zu machen.« Es tat mir leid, dass ich diese gute Nachricht nicht mehr überbringen konnte. Schmerzhaft hingegen empfand ich plötzlich, dass ich jene Menschen, denen ich unrecht getan hatte, nicht mehr um Vergebung bitten konnte. Erst jetzt wurde mir klar, wie oft ich, um einen Vorteil zu erlangen, anderen unrecht getan hatte. Es tat mir jetzt so leid und schmerzte mich sehr. Es tauchten auch eine Reihe von Menschen auf, die mich gern hatten. Dennoch hatte ich mich ihnen gegenüber egoistisch verhalten und meinen Willen durchgesetzt.

In diesem doch sehr betrübten Gemütszustand erlebte ich plötzlich die Empfindungen meiner ganzen Familie, die hoffnungslos um mich trauerte. Dies tat noch viel mehr weh. Ich wünschte, dass sie sich darüber freuen sollten, dass ich meinen Weg auf dieser Welt schon hinter mich gebracht hatte und jetzt in die vollkommene Liebe Gottes hineingenommen würde. Ich verstand zwar, dass dies zu viel verlangt war, aber fragte mich, warum sie nicht wenigstens auf ein ewiges Leben hofften? Diese Traurigkeit, ohne jede Hoffnung, war unsagbar schmerzlich, machte mir das Sterben unendlich schwer. Es war kaum zu ertragen, dass meine Familie meinetwegen trauerte.

Alles begann, sich um mich zu drehen, wirbelte mich im Kreis herum, so, als wäre ich in einen Wirbelsturm geraten, der mich aus meinem Körper heraussaugte. Alles brach auf dieser Erde zusammen, ja selbst die Planeten stürzten vom Himmel. Das war der Weltuntergang, die Apokalypse. Als die ganze materielle Schöpfung zerstört war, hörte auch der orkanartige Wirbelsturm auf und es war still, ganz still, keine Spur von einem Ton oder einem Geräusch. Ich war von einer undurchdringlichen Dunkelheit, wie man sie auf der Welt gar nicht kennt, umgeben. Etwas unheimlich war diese totale Verlassenheit, Dunkelheit und Stille schon, Angst hingegen verspürte ich nicht. Vielmehr war ich neugierig, was wohl auf mich zukommen würde. Da sah ich plötzlich einen Film. Etwas verwirrt betrachtete ich die ersten Szenen.

In der Hölle, die Reinigung

Eigenartig, was soll dies bedeuten? Außerdem hat der Film gar keine schönen Farben, wirkt wie etwas bräunlich eingefärbt. Mit einem Schlag wird mir klar: Ich bin der Hauptdarsteller im Film. Nun ist es gar kein Film mehr, ich erlebe jetzt eine Szene aus meinem Leben:

Meine Schwester im Alter von circa zwei Jahren sitzt in einem Kinderbett mit einer Sprossenwand rundherum, damit sie nicht hinausfallen kann. Sie spielt mit einem Teddy. Nun verspüre ich eine Lust, meine Schwester ein wenig zu »sekieren«, zu gängeln, zu ärgern. Eigentlich sagt Mama, ich solle das nicht tun, aber jetzt ist sie ja nicht hier. Mit einer Hand greife ich durch die Sprossen und greife nach ihrem Fuß, an dem ich etwas ziehe. Meine Schwester blickt mich an und versucht, den Fuß aus meiner Hand zu ziehen. Jetzt drücke ich fester zu, damit sie sich nicht losreißen kann. Meine Kraft dazu reicht jedoch nicht aus, obwohl ich bald vier Jahre alt werde. Ich muss mir etwas anderes einfallen lassen. Im Zimmer nebenan ist doch der alte Teppichklopfer, mit dem ich meine Schwester sicher ein wenig ärgern kann. Kaum gedacht, bin ich schon unterwegs, um den Teppichklopfer zu holen. Wie vermutet, liegt er im Nebenzimmer, in dem auch die Wäsche zum Bügeln steht. Mit dem riesigen Klopfer gehe ich rasch zu meiner Schwester zurück. So, jetzt schiebe ich den Klopfer durch die Sprossen und stochere damit zu meiner Schwester hin. Maria kriecht auf die andere Seite des Kinderbetts. Das hilft ihr aber nicht, denn der Klopfer ist lang genug, um sie trotzdem zu erreichen. Sie versucht, mir den Klopfer aus der Hand zu reißen, was ihr jedoch nicht gelingt. Das beginnende Jammern von Maria stachelt mich an, auf sie auch einzuschlagen. Nun beginnt sie zu schreien. Das war doch zu viel. Mutter kann es in der Waschküche sicher hören. Schnell ziehe ich den Teppich-klopfer durch die Sprossen heraus und bringe ihn wieder ins Nebenzimmer. Tatsächlich kommt Mutter, um zu schauen, was los ist. Als sie ins Kinderzimmer geht, schlei-che ich leise aus dem Nebenzimmer zur Haustür und ins Freie hinaus.

Die Szene ist zu Ende. Da höre ich eine ganz klare Stim-me, nicht bedrohlich, aber doch bestimmend: »Das war nicht in Ordnung!« – »Warum, ich habe meiner Schwester doch gar nichts getan!«, ist meine Reaktion. »Das war nicht in Ordnung!« – »Ich habe meiner Schwester doch gar nicht wehgetan.« – »Das war nicht in Ordnung!« – »Maria war doch gar nicht verletzt.« – »Das war nicht in Ordnung!« – Ich führe noch ein paar weitere Ausreden an. Als mir kei-ne weitere Ausrede mehr einfällt, bleiben mir zwei mögli-che Antworten zur Wahl. Entweder sage ich: »Es war in Ordnung«, oder ich sage: »Wenn es nicht in Ordnung war, nehme ich dafür eine Strafe auf mich.«

Diese Wahlmöglichkeit stürzt mich in ein totales Chaos. Es kommen zwei Lager auf mich zu, die jeweils die zwei möglichen Antworten verkörpern. Jedes Lager will mich auf seine Seite ziehen, mehr noch, sie kämpfen um mich, indem sie an mir ziehen und reißen, mich festhalten … Ich kann in dieser Situation auch nicht feststellen, welches Lager es auch wirklich gut mit mir meint. Dieser Kampf um mich wird immer heftiger, wilder und schmerzvoller. Auch wenn es immer wieder Pausen gibt, so sind es doch nur Pausen.

Nach meinem Zeitempfinden dauerte dieser furchtbare Kampf mehrere Wochen, wurde jedoch auch immer schmerzvoller. Mein Leidenszustand erreichte einen

Punkt, an dem ich mich unbedingt entscheiden wollte. Übrigens war dieser Zustand für mich um vieles schlimmer und schmerzhafter als alles Leid, das ich auf der Welt zu ertragen hatte. Jetzt, als ich eine Entscheidung unbedingt treffen wollte, wurde mir eine große himmlische Hilfe zuteil. Nur aufgrund dieser Hilfe war ich in der Lage, zu bekennen: »Es war nicht in Ordnung.«

Sofort war ich auch aus dieser Hölle befreit und der »Lebensfilm« ging weiter. Nun wusste ich, dass es darum ging, den Mut und die Demut aufzubringen, jedes Versagen zu bekennen. So wurde mir Fehler um Fehler lebendig vor Augen geführt und mit jedem Eingeständnis: »Das war nicht in Ordnung«, fühlte ich mich von der Schuld befreit. Ein wunderbares Gefühl, wenn man eine Last nach der anderen abwerfen kann und der Stolz Schritt für Schritt zu Grabe getragen wird. Die immer größer werdende Demut machte mich frei!

Überrascht war ich, als ich feststellen durfte, dass nicht all meine Sünden im Lebensfilm wieder lebendig wurden. In meinen sechzehn Lebensjahren hatte ich auch schon etwas größere Sünden begangen. So hatte ich im Alter von neun oder zehn Jahren meiner Mutter fünf Schillinge gestohlen, mit denen ich mir Süßigkeiten kaufen wollte. Der Diebstahl quälte mich damals sehr, sodass ich die fünf Schillinge später wieder heimlich in die Geldtasche meiner Mutter legte. Dennoch bereute ich meine Tat sehr. Bei der nächsten Gelegenheit beichtete ich mein Fehlverhalten. Diese Sünde kam in meinem »Lebensfilm« zu meinem Erstaunen nicht mehr vor.

Oft ist es so, dass ein Fehler einen weiteren nach sich zieht. Auch in diesen Fällen erlebte ich nur die Grundschuld, also die erste Sünde. Mit dem Anerkennen der Wurzelsünde waren auch die Folgesünden ausgelöscht.

Am Ende meines »Lebensfilmes« angelangt, war ich versöhnt mit der ganzen Schöpfung, mit mir und mit Gott. Ein unsagbarer Frieden und ein unbeschreibliches Glücksgefühl umhüllten mich. Dieser Zustand änderte sich auch nicht, als es wieder völlig dunkel wurde.

Auf dem Weg zum Licht

Diese neuerliche Dunkelheit, völlige Verlassenheit, völlige Stille und Geräuschlosigkeit hatte ich schon, kurz bevor der »Lebensfilm« begann, erfahren. Sie waren mir schon vertraut.

Plötzlich sehe ich in weiter Ferne einen winzig kleinen Lichtpunkt, ein Licht, das man kaum beschreiben kann: Man muss es erlebt haben. Die Leuchtkraft übersteigt alles, was man auf dieser Welt kennt. Es fühlt sich extrem angenehm an. Die Anziehungskraft dieses Lichts ist unwiderstehlich. Sofort wird mir klar, dass ich dort hinwill, dass dort mein Zuhause ist, mehr noch, das ich von dort herkomme. Es ist der Ursprung des Lebens, die Quelle der Liebe, wesentlicher Bestandteil des Schöpfers, des allmächtigen Gottes. Als ich bemerke, dass ich mich tatsächlich auf das Licht zubewege, durchdringt mich eine gewaltige Welle der Freude.

Noch ist dieses unglaubliche Licht weit weg, da wird mir bewusst, dass ich nicht allein bin: Menschliche Seelen und himmlische Wesen begleiten mich. Mit den menschlichen Seelen kann ich mich unterhalten, ohne irgendeine weltliche Sprache zu benutzen, ohne irgendwelche Missverständnisse wegen unterschiedlicher Kulturen. Alle sprechen die Sprache des Herzens, eine Sprache der gegenseitigen Wertschätzung, eines gegenseitigen Wohlwollens, begleitet mit viel Sanftmut. Es ist ein unglaublich gutes Gefühl, wenn man wirklich verstanden wird und jeden Gedanken einer Seele absolut auch so versteht, wie er gemeint ist. Jede Begegnung mit einer menschlichen Seele ist auch durchdrungen von einer vollkommenen göttlichen Liebe. Diese für uns Menschen unvorstellbare Liebe ist tausendmal stärker und reiner, als es eine Liebe zwischen zwei Menschen auf dieser Welt sein kann. Obwohl mir die Seelen als Gestalten begegnen, kann ich auch durch sie hindurchgehen, denn sie haben keinen festen Körper. Ich erlebe sogar, dass mehrere Seelen ineinander verschmelzen und sich wieder trennen. Es gibt kein Prahlen, weder Neid noch Eifersucht, sondern nur einen vollkommenen göttlichen Frieden und absolute Freude, eben nur eine vollkommene göttliche Liebe.

Jeder Augenblick bringt mich dem Licht näher. Je näher ich dem Licht komme, umso größer wird die Sehnsucht, das Zentrum des Lichts zu erreichen. Nun beschäftigt mich der Gedanke: »Was wird geschehen, wenn ich im Licht ankomme? Werde ich mich auflösen, werde ich noch ich sein?« Kaum habe ich mir die Fragen gestellt, bekomme ich auch schon eine Antwort: »Das Ich-Bewusstsein bleibt bestehen.« Diese Antwort kommt für mich völlig überraschend, denn ich habe nicht damit gerechnet, auf meine Frage eine Antwort zu erhalten. Mehr noch, ich bekomme nicht nur eine Antwort, sondern mit der Antwort auch die Gewissheit, dass diese Antwort richtig ist. Eine weitere Gewissheit macht sich in mir breit: Egal, welche Frage auftaucht, ich werde auf jede Frage die absolut richtige Antwort bekommen. Welche sinnvolle und wichtige Frage könnte ich jetzt wohl stellen? Die Antwort oder die Erkenntnis auf diese Frage: Die Sorgen der Menschen auf der Erde sind zu über neunzig Prozent absolut unnötig. In der Ewigkeit, im Reich Gottes, ist nur eines wichtig: die vollkommene Liebe in allen Belangen und Facetten. Ich bin über den sehr hohen Prozentsatz der unnötigen Sorgen der Menschen auf der Welt nicht nur erstaunt, sondern erschrecke auch darüber. – Man müsste es doch den Menschen mitteilen. – Dennoch erfüllt mich diese Antwort, dass hier in der Ewigkeit nur die Liebe eine Bedeutung hat, mit einer wunderbaren Gelassenheit, mit einem unendlich tiefen Frieden und Vertrauen. Obwohl ich jetzt auch weiß, dass jede Frage somit unbedeutend, eigentlich überflüssig ist, erlange ich die Gewissheit, dass ich jetzt auch Anteil am gesamten universalen Wissen habe. Egal, welche Frage ich stellen werde, ich bekomme auf jede gestellte Frage auch die richtige Antwort.

Die Freiheit scheint mir jetzt wirklich grenzenlos zu sein. Es ist eine Freiheit ohne räumliche Grenzen. Sobald ich mir einen bestimmten Ort auf der Erde vorstelle, bin ich im nächsten Augenblick an diesem Ort. Dies ist völlig unabhängig davon, ob ich den Ort in meinem irdischen Leben schon einmal besucht habe oder nicht. Besonders überrascht bin ich, als ich feststelle, dass ich selbst jede beliebige Gestalt als Mensch oder auch als Strauch oder Baum annehmen kann. Obwohl ich auch eine solche, von Menschen wahrnehmbare Gestalt annehmen kann, ist diese Gestalt dennoch nie wirklich Materie, sondern immer ein Geistwesen. Dazu kommt auch die Freiheit von der Zeit.

Eines von vielen Beispielen: Ich stelle mir vor, im Jahr 1348 in einem kleinen Dorf Japans nahe Kyoto zu sein. Zu dieser Zeit lebt dort ein besonders fähiger und erfolgreicher Shogun aus der Familie Ashikaga. Es ist die Zeit, kurz bevor sich der Zen-Buddhismus stark in Japan verbreitet. Es ist eine kriegerische Zeit und ich erlebe, wie berittene Männer das Dorf überfallen. Es ist grausam: Köpfe rollen, die Menschen schreien, überall fließt Blut. Den Bewohnern will ich im Kampf gegen diese barbarischen Reiter beistehen, aber ich kann nicht helfen, sosehr ich mich auch bemühe. Diesen Ort erlebe ich noch einmal, genau ein Jahr später. Mich interessiert, welche Spuren dieser Überfall hinterlassen hat. Nun ist es ein besonders friedlicher Ort, stark geprägt von einem Miteinander, allerdings mit einer bedeutend geringeren Anzahl von Menschen.

Ein weiteres Beispiel möchte ich erwähnen, welches für mich fast ein Jahr später von großer Bedeutung wurde: Eine Familie, Eltern mit zwei Kindern, fährt mit einem Auto auf einer Bergstraße in den Alpen im Süden Österreichs. Plötzlich fällt kurz vor dem herannahenden Auto eine hohe Fichte auf die Straße. In dieser Region gab es im Jahr davor schwere Unwetter. Der Baum hatte kaum einen Halt im kargen Erdreich. Der Vater am Lenkrad verliert die Kontrolle über das Auto, das mitsamt den Insassen den Hang hinunterstürzt. Alle sind tot. Auch dieser Familie will ich helfen.

Dieses Bemühen kann ich wiederholen, so oft ich will. Ich versuche jedes Mal, das Unglück auf die eine oder andere Art und Weise zu verhindern. Es gelingt jedoch nicht. Offenbar können die Menschen von einem Verstorbenen, von einem Geistwesen, keine Hilfe annehmen.

Inzwischen komme ich dem Licht schon sehr nahe. Es gibt keine Worte, um das Erlebte zu beschreiben. Selbst Superlative können nur andeuten, was ich fühlte, erlebte, was sich ereignete. Es ist der Zustand einer vollkommenen, absoluten Glückseligkeit, von Frieden, Freude, Gelassenheit und Liebe.

Endlich stehe ich wie vor einem großen »Tor«, schon vollkommen umhüllt von einem intensiv glänzenden, goldenen Licht. Voll freudiger Erwartung versuche ich, das Zentrum des Lichts zu erkennen. Da höre ich wieder dieselbe Stimme, die zu mir sagt: »Das war nicht in Ordnung.« Doch diese Stimme ist jetzt viel stärker von einer warmen Herzlichkeit geprägt: »Kehre zurück in deinen Körper!« – »Das kommt gar nicht infrage. Diesen unglaublich herrlichen Zustand soll ich wieder aufgeben? Das kann man von mir nicht verlangen. Das kommt nicht infrage, dass ich in das Chaos der Welt zurückkehre.« In diesem Augenblick spüre ich die Herzlosigkeit, die Kälte der Menschen auf der Welt und sehe, wie unfähig die Menschen mit Problemen umgehen, weil sie von ihren aus dem Körper kommenden Gefühlen getrieben sind. Alles in mir steht still. Ich nehme die Vollkommenheit in allem um mich und in mir wahr. Diese grenzenlose Liebe darf, kann und will ich um keinen Preis verletzen, indem ich diese Bitte nicht erfülle. Wissend um die vielen Probleme, Enttäuschungen und auch Leiden, die auf der Welt auf mich zukommen werden, ist es jetzt meine Sehnsucht, dieser Vollkommenheit zu dienen, indem ich diese Bitte erfülle.

Wieder zurück in der Welt

So kehrte ich zurück in diese Welt, sah meinen reglosen Körper in einem Bett liegen, allerdings stand das Bett jetzt nicht mehr im Zimmer, sondern in einem »Abstellraum« mit einigen Reinigungsbehelfen und einer Dusche an der Decke. Nun tauchte ich in meinen Körper ein. Es war furchtbar, alle Schmerzen waren plötzlich wieder spürbar. Wenn ich einen Ton von mir hätte geben können, dann hätte ich so laut gebrüllt, dass die meisten im Haus wach geworden wären. Von allen Seiten fühlte ich mich wie durchbohrt. So stellte ich mir eine eiserne Jungfrau aus dem Mittelalter vor, eingezwängt in eine Ritterrüstung mit vielen Schlitzen und von allen Seiten mit Schwertern durchbohrt. Es blieb mir nichts anderes übrig, als den ganzen höllischen Schmerz zu ertragen.

Meine Rückkehr hatte sicherlich einen Sinn. Deshalb dachte ich, dass ich mich doch bemerkbar machen sollte, wobei ich gleich merkte, dass ich nicht reden konnte. Deshalb versuchte ich, mich zu bewegen, zumindest irgendeinen Teil meines Körpers: die Hände oder Füße – ging nicht –, den Kopf – ging nicht –, die Augen öffnen – ging auch nicht. Ich stellte mir vor, dass es schon eigenartig wäre, wenn ich jetzt lebend begraben werden würde, doch es beschäftigte mich nicht allzu sehr, denn in diesem Fall hätte ich das Leben auf der Erde hinter mir und wäre wieder in der wunderbaren Geborgenheit bei Gott in der Ewigkeit. Der Gedanke, dass meine Rückkehr einen Sinn haben musste, ließ mich nicht los, und daher suchte ich weiter nach einer Möglichkeit, mich bemerkbar zu machen. So überprüfte ich, so detailliert wie nur möglich, meinen ganzen Körper vom Kopf bis zu den Fußspitzen. Schon schloss ich, dass mein Suchen vergeblich war, als ich bemerkte, dass ich doch etwas bewegen konnte. Es war der rechte große Zeh, der sich ein wenig hin und her bewegen ließ. Ob jemand die kleine Bewegung bemerken würde? Was ich in dem Zustand jedoch nicht wusste, war, dass an diesem Zeh ein Zettel mit einem Bindfaden befestigt war. Auf diesem Zettel stand: »Josef Atzmüller«, darunter »† 19.12.1964, 20 Uhr«. Das war offenbar meine offizielle Sterbezeit. Dieser Zettel, ungefähr zwölf mal fünf Zentimeter groß, wackelte und bewegte sich stärker als der Zeh selbst.

Ich überlegte mir, ob ich mich mit diesem großen Zeh vielleicht bemerkbar machen könnte, wenn jemand in den

Raum hereinkäme. Damit zufrieden, wartete ich geduldig auf das Kommen irgendeiner Person. Ich kann nicht sagen, wie viel Zeit verging, aber irgendwann betrat eine Frau den Raum. Ich bewegte den großen Zeh und der daran befestigte Zettel wackelte. Die Frau bemerkte dies sofort. Sie erschrak fürchterlich und lief mit einem Aufschrei davon.

Nach einer Weile überlegte ich mir, ob diese Frau wohl in Ohnmacht gefallen war oder ob sie den Vorfall doch jemandem erzählen würde. Dann kam eine ganze Gruppe von Menschen, überwiegend Männer, die das Bett mit mir sofort zurück in das Einzelzimmer schoben. Währenddessen fragte einer der Männer, vermutlich ein Arzt, aufgeregt eine Krankenschwester: »Ist der Totenschein noch im Haus?« Die angesprochene Krankenschwester lief sofort aus dem Raum. Ich muss gestehen, dass mich diese Frage des Arztes etwas ärgerte, da dieser Schein offenbar wichtiger war als der Patient. Dieser laute Ton des Arztes tat mir auch physisch richtig weh. Nachdem ich wieder im Zimmer angelangt war, verschwanden alle und ich war froh, dass es wieder ruhig war.

Die ersten Tage danach

Ohnmacht, ein Zustand ohne jegliche Energie, bestimmte die ersten Tage danach. Es blieb nichts anderes übrig, als das ganze Leiden einfach zu ertragen. Am nächsten Tag brachten sie mich in den Operationssaal, an mehr kann ich mich nicht erinnern. Irgendwann kam eine Krankenschwester und sagte zu einer weiteren Person im Zimmer: »Er macht die Augen auf.« Jetzt kamen wieder Ärzte in das Krankenzimmer. Ich hörte jedoch nur ein Gemurmel – konnte kein Wort verstehen – und dann verließen sie das

Zimmer wieder. Irgendwann danach kam eine ganz in Weiß gekleidete Frau mit einem ziemlich großen Rosenkranz, der an ihrer Seite hing. Vermutlich ist es eine Ordensfrau, dachte ich. Sie nahm sich einen Stuhl, stellte diesen ganz nahe an mein Bett und setzte sich. Nun nahm sie den riesigen Rosenkranz in die Hand und schwieg, nur ihre Finger glitten ganz langsam über die Perlen des Rosenkranzes.

Mein ganzer Körper fühlte sich an wie eine einzige riesige, schmerzhafte Wunde. Der Schmerz war jetzt kaum mehr erträglich. Ich konnte jedoch nichts sagen oder tun, sondern musste nur diesen unsagbaren Schmerz ertragen. Da spürte ich plötzlich die Hand der Ordensfrau auf meiner Hand. Offenbar konnte sie erkennen, wie sehr ich gerade litt. Diese Hand, vielmehr diese Berührung linderte sofort ein wenig meine Schmerzen, mehr noch, es war, als würde ein gewaltiger Strom an Energie durch die Hand der Ordensfrau in meinen Körper fließen. Was hier soeben geschah, konnte ich nicht verstehen, aber es war wohltuend, heilsam und gab mir immens viel Kraft.

Diese überwältigende Berührung konnte ich nicht aus meinem Kopf bekommen. Dabei hatte ich gar nicht bemerkt, dass die Ordensfrau wieder gegangen war. Diese von Gott geschickte Frau kam ein paar Tage lang, täglich drei- oder viermal, und jedes Mal machte ich durch die Berührung ihrer Hand dieselbe Erfahrung. Leider vernahm ich nie die Stimme dieser Frau, denn als ich mich im Bett auch allein etwas bewegen konnte – sprechen konnte ich noch nicht –, kam sie nicht mehr zu mir in das Krankenzimmer.

Nun versuchte ich immer öfter, meine Glieder zu bewegen. Die Freude war groß, als ich meine rechte Hand ein wenig bewegen konnte. Im gleichen Moment überfiel mich jedoch eine Traurigkeit, dass die linke Hand nicht reagierte. Jetzt begann ich, um mehr Beweglichkeit für meinen Körper zu kämpfen. Nichts anderes beschäftigte mich, als ständig alle Kraft einzusetzen, um Stück für Stück mehr Beweglichkeit zu erreichen. Eigenartigerweise entwickelte sich dadurch keine Hoffnung oder gar Freude, sondern vielmehr belastete mich meine Beschränktheit und ich fragte mich immer wieder, warum ich dies oder das noch immer nicht machen konnte. Ganz schlimm waren diese Empfindungen, als ich darum kämpfte, endlich in einem Bilderbuch eine Zeile zu lesen. Zu guter Letzt schaffte ich es, doch dann konnte ich mich nicht mehr an den Inhalt des Gelesenen erinnern. Jede Mühe und Plage half nichts. So beschäftigten mich die Gedanken: »Bei Gott war ich in allem vollkommen, jetzt bin ich nichts, ich will nicht mehr. Gott, lass mich doch sterben, dieses Leben auf dieser Welt hat doch keinen Sinn.«

Am 24. Dezember konnte ich meinen Kopf ein wenig seitlich bewegen, meine Augen nahmen alles wahr und meine Hände konnte ich auch schon ein wenig bewegen. Von meinem Bett aus ging mein Blick in Richtung Zimmertür. Dabei konnte ich auch auf einer großen runden Uhr über der Tür die Zeit erkennen. Gegen Abend ging die Tür auf und eine Gruppe von sieben Leuten betrat das Zimmer. Sie sangen ein paar Weihnachtslieder und ich sah, dass sie auch Geschenke für die Patienten bei sich hatten. Darunter befand sich auch ein Körbchen mit Äpfeln. Ach, wie sehr wünschte ich mir einen solchen Apfel! All meine Kräfte wendete ich auf, um mich irgendwie verständlich zu machen und mitzuteilen, dass ich einen Apfel bekommen möchte. Meinen konzentriert auf die Äpfel gerichteten Blick und meine dürftig ausfallenden Bewegungsversuche mit den Händen konnte die Stationsschwester richtig deuten. Sie kam zu mir und sagte: »Josef, du kannst keinen Apfel bekommen«, und ging mit den übrigen Leuten aus dem Zimmer. Ich konnte es nicht glauben, denn heute war doch Weihnachten. Ich wünsche mir nur einen Apfel und nicht einmal diesen konnte ich bekommen. Ich spürte, wie mir diese Gedanken die Kraft in der Seele raubten. Es war, als würde ich mit einer riesigen Injektionsnadel Gift in meine Seele spritzen, mich selbst zu Tode spritzen. Dies alles machte mir sehr zu schaffen, brachte mich schrecklich durcheinander, sodass ich nicht mehr leben wollte! Total erschöpft schlief ich ein.

Ein Geräusch auf dem Gang weckte mich auf. Draußen war es schon so finster wie in meinem Zimmer. Niemand hatte im Zimmer das Licht angemacht. Plötzlich ging die Tür auf, das Licht wurde eingeschaltet und ich sah den Chefarzt des Hauses in der Tür stehen. Hinter ihm kam die Stationsschwester ins Zimmer und schloss die Tür. Jetzt fiel mein Blick auf die Uhr, die über der Tür hing. Es war genau 20 Uhr. Eigenartig, was machte der Arzt um diese Zeit am Heiligen Abend im Krankenhaus? Sollte er nicht zu Hause bei seiner Familie sein? Dennoch freute ich mich über sein Kommen. Er kam sehr gut gelaunt auf mich zu. Jetzt war mein Selbstmitleid wegen des verweigerten Weihnachtsgeschenks, des gewünschten Apfels, endlich verflogen. Ganz heiter stellte er seine Fragen direkt an mich und die Stationsschwester gab an meiner Stelle die Antworten. Dies fand ich sogar etwas belustigend. Plötzlich erzählte die Stationsschwester dem Primararzt, dass die Singgruppe auch bei mir war und ich einen Apfel aus dem mitgebrachten Körbchen haben wollte. Der Arzt blickte mich ernst an und sagte: »Josef, wir können dir keinen Apfel geben. Wenn du in diesem Zustand von einem Apfel abbeißt, stirbst du. Diese Verantwortung können wir nicht übernehmen. Du kannst das sicher verstehen.« Diese Antwort war für mich in Ordnung, da die Verweigerung des Apfels begründet wurde. Der Arzt sah mir schweigend in die Augen. Nach gut zwei Minuten sagte er: »Josef, ich vertraue dir, du bekommst deinen ersehnten Apfel.« Diese Aussage des Arztes schlug bei mir ein wie ein Blitz: Der Arzt vertraute mir. Ahnte er denn nicht, dass ich mich von der Welt schon einige Male nur allzu gern verabschiedet hätte? Mehrmals musste er die Stationsschwester auffordern, endlich einen Apfel zu holen. Als sie diesen brachte, legte der Arzt den Apfel wortlos auf das Kästchen neben dem Bett. Er lächelte mich an und ging schweigend mit der Krankenschwester aus dem Zimmer. Noch immer tief berührt vom Vertrauen des Arztes, das er mir schenkte, war ich völlig glücklich. Jetzt war auch für mich Weihnachten und mit einem Dankgebet zu Jesus, der aus Liebe zu mir Mensch geworden ist, schlief ich ein.

Seit meiner Rückkehr in diese Welt kamen keine Besucher zu mir. Heute, am Weihnachtstag, wird zu Hause auch viel los sein, dachte ich bei mir. Ich ging davon aus, dass niemand zu Besuch kommen würde, hoffte jedoch, dass Mama nach den Feiertagen käme. Ich sehnte mich danach, meinen Eltern von meiner »Auferstehung« zu berichten. Nach dem Mittagstisch – na ja, ich wurde ja künstlich ernährt –, als die Besuchszeit begann, kam wieder der nette Arzt, der schon früher mit mir geplaudert hatte, und erzählte mir, warum er Arzt geworden war und dass ich für ihn das erste Wunder sei, das er bis jetzt erlebt habe. Er berichtete, dass, als man meinen Bauch vor vier Tagen wieder geöffnet hatte, schon alles ziemlich gut verheilt war, dass man aber das Netz, wie geplant, trotzdem eingesetzt habe. Irgendwann während seines Berichtes wurde ich müde und schlief wieder ein.

Plötzlich spürte ich eine Hand auf meiner Wange: »Mama«, wollte ich schon vor Freude ausrufen. Ich riss meine Augen auf und sah in ihre wunderschönen grünen, mit Liebe erfüllten Augen. Vor Freude liefen Tränen über ihr Gesicht. Jetzt waren meine Emotionen ebenfalls so stark, dass ich endlich weinen konnte. Mama sagte schließlich: »Die Ärzte haben mir alles erzählt. Ich darf nur ein paar Augenblicke bei dir bleiben. Wir alle haben dich unendlich lieb.« Mehr brachte Mama nicht über ihre Lippen. Jetzt legte sie ihre Wange auf meine Wange und ihre Tränen flossen über mein Gesicht. Da kam auch schon eine Krankenschwester ins Zimmer und bat Mama, zu gehen. Die Schwester sah mich an, rief einen Arzt, der mir ein Beruhigungsmittel in meine Flasche gab, und kurz darauf schlief ich ein.

Am Stephanitag schlief ich die meiste Zeit, obwohl Freunde kurze Zeit zu Besuch da waren. Auch der folgende Samstag und Sonntag waren Schlaftage und doch machte ich am Sonntag einen großen Sprung bei meiner Genesung. Schon morgens setzte mich die Kranken- schwester etwas mehr auf und ich konnte die Füße selbst so weit heranziehen wie noch nie. Schwester Erika war sehr bemüht um mich, damit ich so rasch wie möglich Fortschritte machte. Mittags war der Höhepunkt, als ich auf die Frage, ob ich ein paar Löffel Suppe versuchen möchte, ein leises, krächzendes Ja von mir geben konnte. Diese Erfolge durch das intensive Bemühen von Schwester Erika hatten zur Folge, dass sich an den darauffolgenden Tagen nun auch alle anderen Schwestern stark engagier- ten, um mir zu helfen. Der Tag endete jeweils mit einem strahlenden Lächeln von Schwester Erika, die sich mit den folgenden Worten verabschiedete, bevor sie nach Hause ging: »Heute haben wir hart gearbeitet und sehr viel geschafft, schlaf gut, Josef.«

An einem der folgenden Tage vermutete ich, dass es Montag, ein normaler Werktag, sei. Es war mehr Personal unterwegs und auf dem Gang herrschte ein geschäftiges Treiben. Zur Morgenvisite kamen mehrere Ärzte. Sie waren mit meinen Fortschritten sehr zufrieden und ordneten an, dass ich bald die ersten Gehversuche machen sollte. Ich dachte daran, dass Mama heute wieder kommen könnte. Nachmittags um 14 Uhr begann die Besuchszeit. So lange brauchte ich jedoch gar nicht zu warten: Mama kam schon vor 12 Uhr strahlend in das Zimmer. »Ich hab' dich so lieb«, sagte sie und küsste mich auf die Stirn. »Komm, ich helfe dir, dich aufzusetzen.« Sie griff mit ihren Händen unter meinen Körper, stützte mich am Rücken und setzte mich auf. Natürlich half ich mit, so gut ich nur konnte, denn ich wollte meine Mutter auf keinen Fall enttäuschen. Trotzdem war auch ich überrascht, wie gut es gelang. »Schau, ich habe dir ein Geschenk mitgebracht!« Mit diesen Worten gab mir meine Mutter ein kleines Schachterl, eingewickelt in goldenes Papier. »Aber Mama, ich brauche doch gar kein Geschenk, du bedeutest mir doch mehr als alles, was du mir schenken könntest.« Meine Mutter war ganz nervös, als sie das Geschenkpapier ablöste und mir das Geschenk zeigte. Ich war völlig sprachlos. Es war ein Ring, besetzt mit einem braunen Rauchquarz, einfach wunderbar. Er war nicht nur wunderschön geschliffen, sondern es zierte auch eine hervorragend gearbeitete Fassung in Gold den Stein. Vor lauter Staunen konnte ich kein Wort sagen. Nach einer Weile: »Mama, du kannst doch nicht so viel Geld für mich ausgeben. Der Ring muss ein Vermögen gekostet haben.« Mama lächelte nur und antwortete: »Für dich ist mir nichts zu teuer. Übrigens, Gott wirkt durch seine ganze Schöpfung und hilft dir sicher auch durch diesen Ring. Er ist auch geweiht. Dem Pfarrer hat der Ring auch gut gefallen. – Damit du ihn nicht verlierst, nehme ich den Ring mit nach Hause. Außerdem sind deine Finger für den Ring auch noch zu dünn.«

Meine Mutter hatte Papa sehr lieb, auch alle meine Geschwister, aber manchmal hatte ich das Gefühl, als wäre ich für sie wirklich das Allerwichtigste auf dieser Welt. Jetzt schaute ich meine Mutter etwas genauer an und merkte, dass sie ein paar Kilo zu viel abgenommen hatte. Warum wohl? Hatte sich Mama wegen mir so viele Sorgen gemacht? »Mama, du musst an Gewicht zunehmen, du bist zu schlank. Du siehst doch, dass es mir gut geht. Bitte versprich mir, dass du mich diese Woche nicht mehr besuchst und mehr auf dich achtest. Ich brauche dich sehr, wenn ich nach Hause komme.« Mama lächelte mich liebevoll wie immer an, umarmte mich zärtlich, legte mich wieder zurück, gab mir einen Kuss auf den Mund und verabschiedete sich. Über das viel zu teure Geschenk war ich natürlich sehr erfreut, aber der körperliche Zustand meiner Mutter machte mir Sorgen. Übrigens trage ich diesen Ring heute noch und so fühle ich mich auch nach ihrem Tod noch stark mit ihr verbunden.

Die nächsten Wochen vergingen ohne besonders erwähnenswerte Ereignisse. Der Genesungsverlauf ging rascher voran, als die Ärzte erwartet hatten, und so wurde ich am 1. Februar aus dem Krankenhaus entlassen. Meine noch nicht ganz verheilten Narben versorgte ich zu Hause selbst; das wilde Fleisch brannte ich mit einem ätzenden Salmiakstift weg. Dementsprechend sehen meine Narben bis heute nicht sehr ansehnlich aus.

Die ersten Monate zu Hause

Zu Hause mit dem Krankenwagen angekommen, tat Mutter alles, damit ich mich wohlfühlte. Sie versuchte, meine Gedanken zu lesen, damit sie ja jeden Wunsch, den ich vielleicht hätte, erfüllen konnte. Trotzdem war alles irgendwie anders. Meine Geschwister waren nett und freundlich, aber nicht mehr so wie vorher. Oder war es andersherum? War ich nicht mehr derjenige, der ich vorher gewesen war? In meinem Kopf waren Erfahrungen abgespeichert, die ich überhaupt nicht beschreiben konnte. Meine sprachlichen Möglichkeiten und Fähigkeiten reichten dazu einfach nicht aus. Bis heute habe ich sprachliche Schwierigkeiten, vertausche Zeiten, verwechsle Worte und Buchstaben.

Unabhängig, worüber ich sprach, ständig beschäftigte ich mich mit meinen Gedanken und niemand verstand mich wirklich. Im Jenseits war alles so klar, keine Missverständnisse, und auf dieser Welt meint man zwar, man verstehe sich, und dennoch gibt es fast immer Differenzen zwischen dem Sender und dem Empfänger einer Nachricht. Hinzu kam, dass ich körperlich auch noch nicht fit war und weiterhin viel Zeit im Bett verbrachte. Das Schuljahr war für mich vorbei. Erst im Herbst konnte ich wieder in die gleiche Klasse einsteigen. Das Schlimmste war jedoch etwas anderes: So gerne hätte ich von meinen Erfahrungen im Jenseits erzählt, die Familie wollte aber nichts davon hören, nicht einmal meine Mutter. Dies verblüffte mich doch sehr. Hielten mich alle für verrückt? Mein nächster Versuch war der Hausarzt. Er erzählte mir, dass sein Sohn, der im Krankenhaus arbeitete, ihm alles berichtet habe. Als ich zu erzählen begann, was ich erlebt hatte, reagierte er mit keinem Wort, sondern wünschte mir alles

Gute und ging. Ich dachte bei mir, dass der Hausarzt vielleicht ein schlechtes Gewissen hatte, weil seine Diagnose vor der Einlieferung ins Krankenhaus falsch war.

Vor Ostern besuchte mich der Priester, damit ich die Osterbeichte ablegen und die heilige Kommunion empfangen konnte. Der Pfarrer musste doch ein Interesse an meinen Erlebnissen haben. Schon bei der Beichte begann ich, davon zu berichten. Da sagte der Pfarrer brüsk: »Das hat doch nichts mit deinen Sünden zu tun, dafür bin ich nicht zuständig.« Er gab mir die Lossprechung – an die Aufgabe einer Buße dachte er nicht mehr –, danach die heilige Kommunion und dann ging er, so schnell er konnte.

Alle hielten mich wohl für verrückt. Ich war vielleicht etwas anders, aber ich wusste doch genau, was ich erlebt hatte, zumindest einen Teil davon hatte ich ganz klar in meinem Kopf eingespeichert. Dass mir niemand zuhören und schon gar nicht mit mir darüber sprechen wollte, war für mich eine ziemlich große Enttäuschung und bedrückte mich sehr. Ich fragte mich, warum ich denn überhaupt noch lebte, wenn meine Erfahrungen niemanden interessierten. »Dann wäre es doch viel besser, tot zu sein«, sagte ich zu meiner Mutter, als ich diesen Zustand kaum noch ertragen konnte. Meine Mutter sah mich mit sehr traurigen Augen an und verließ das Zimmer. So beschloss ich, dass es wohl besser wäre, wenn ich meine Mutter mit meinen Problemen nicht mehr belastete, und deshalb wollte ich auch nicht mehr darüber sprechen. Vielleicht war alles ja auch nur ein Traum?

Körperlich und auch mit dem Verstehen des bisher in der Schule Gelernten machte ich sehr gute Fortschritte. Das war auch meine Hauptbeschäftigung. Die Verdrängung meiner Erfahrung gelang hin und wieder und auch immer öfter. Als ich jedoch im September eine Tageszeitung in die Hand nahm und las: »Familienunglück in den Alpen. Ein Auto mit vier Insassen stürzte einen Abhang hinunter, alle waren sofort tot«, traf mich dies wie ein Blitz. Es war mir sofort klar, dass ich diesen Unfall in meiner Jenseitserfahrung schon erlebt hatte. Das Ganze war also doch kein Traum: Meine Erinnerungen waren Realität! So gern wollte ich davon erzählen. Und wenn mich wieder alle für verrückt hielten? Ich wollte ja auch verstanden werden. Da dazu gar niemand in der Lage war, beschloss ich, zu schweigen und einfach so zu leben, als wäre alles in Ordnung.

Nicht verstanden wurde ich auch bei einem Begräbnis eines Bekannten. Auf dem Friedhof, bevor und während der Sarg mit dem Leichnam in das Grab hinuntergelassen wurde, hatte ich so extreme Gefühle, dass ich bitterlich weinen musste. Ich weinte viel mehr als die Angehörigen. Die Trauergäste schauten mich verwundert an und konnten mich nicht verstehen. Sie meinten, ich weine wegen des Verstorbenen, aber ich hatte das Bild von der unglaublichen Liebe vor mir, die mich im Jenseits umhüllte. Die Sehnsucht nach dieser wunderbaren Geborgenheit war so unendlich groß, dass ich so stark weinen musste, weil ich nicht dort sein konnte. Ich fühlte mich in dieser Situation dazu verurteilt, auf dieser Welt leben zu müssen.

Die Erfahrungen verändern meinen Glauben

Für mich war bisher ganz klar, dass das, was die katholische Kirche sagt und tut, absolut richtig ist. Selbst wenn ein Geistlicher sich meiner Meinung nach einmal eigenartig verhalten hat, ist das, was die Kirche verlautbaren lässt, auch völlig im Einklang mit Gott.

Aufgrund meiner Erfahrungen war ich mir nun nicht mehr so sicher, ob ich weiterhin einfach nur völlig blind vertrauen sollte. Konnte oder sollte oder musste ich nicht einer Frage nachgehen, wenn ich eine andere Ansicht hatte?

Gott ist meine Hilfe, er fängt mich auf

Bisher war ich gegenüber den Aussagen von geistlichen Personen völlig unkritisch. Was Priester oder Ordensleute sagten, galt für mich so, wie sie es sagten. Nach dem Besuch des Pfarrers stellte ich mir jedoch die Fragen: »Wieso sagt der Pfarrer, dass ihn meine Erinnerungen nichts angehen? Hat die Kirche mit dem wahren Gott überhaupt etwas zu tun?«

Ganz falsch konnte meine Kirche nicht sein, wenn ich an die Kraft des Sterbesakramentes dachte. Es war ein unglaubliches Erlebnis gewesen, zu erfahren, dass körperliches Leiden keine Bedeutung mehr hatte, nicht erst, als ich den Körper verlassen hatte, sondern schon Stunden zuvor. Wenn ich jetzt an diese Erfahrungen dachte, durchdrangen diese Empfindungen immer noch meinen Körper. Verwirrt durch das für mich widersprüchliche Verhalten des Pfarrers und eingetaucht in die Gefühlswelt meiner Jenseitserfahrungen, murmelte ich: »Gott, nur du kannst mir helfen.« Sofort war das Zimmer mit einem solch starken Licht erfüllt, welches die Grenzen des Raumes nicht mehr erkennen ließ. Eine wunderbar warme, mir bekannte, wohlwollende Stimme sagte: »Josef, sei nicht verzagt, vertraue mir. Es ist nicht notwendig, Theologie zu studieren, wie es die Geistlichen der Welt tun müssen. Du bekommst alles zur rechten Zeit vom Heiligen Geist.« Diese Stimme kam nicht von irgendwoher, sie war in mir, erfüllte mein ganzes Wesen. Das Licht verschwand so plötzlich, wie es gekommen war, jedoch blieb dieses totale Gefühl der Geborgenheit den ganzen Tag über bestehen. Es schenkte mir Frieden, Trost, Hoffnung und Freude.

Gott lässt mich nicht allein, auch wenn ich ihn nicht fühlen oder gar hören kann, aber auch dann nicht, wenn ich gar nicht an ihn denke. Wenn ich verzweifelt bin, keine Orientierung habe, egal ob ich richtig oder falsch handle oder noch so tief falle, Gott fängt mich auf. Mit dieser Gewissheit kann ich mir vorstellen, auf dieser Welt zu leben.

Der Herr der Schöpfung

Auf der Reise zum Licht erlebte ich die Freiheit von Raum und Zeit: Sofort falle ich auf meiner Gefühlsebene wieder in den gleichen Zustand. Absolute Freiheit und dennoch eine totale Geborgenheit durchfluten mich. Folgende Überzeugung entwickelt sich in mir: »Nur die vergängliche Materie ist fix gekoppelt mit der Zeit, wie wir sie kennen, und die Ewigkeit hat keinen Anfang und kein

Ende. Sie ist vielmehr die Vergegenwärtigung einer beliebigen Zeit.« Ich spüre, dass die Definition nicht vollkommen ist, eine umfassendere Definition wird mir jedoch nicht geschenkt. Alles ist Gegenwart. Für uns an die Zeit gebundene Menschen ist dies kaum vorstellbar, noch viel weniger, welch gewaltige Konsequenzen dies mit sich bringt. Eine davon ist, dass wir Gott nur in der Gegenwart auch wirklich nahe sein können. Leider spielt uns das Gehirn einen Streich, um möglichst oft nicht in der Gegenwart zu sein. Es bezieht permanent alle Informationen über die Sinnesorgane, vergleicht sie mit den bereits abgespeicherten Informationen und projiziert eine Folgewirkung auf die Zukunft. Sie kennen sicherlich auch den Spruch: »Es war immer so und wird wieder so sein«, obwohl die Rahmenbedingungen sicherlich niemals genau dieselben sein werden und daher auch ein mögliches anderes Ergebnis erwartet werden sollte. Wenn also Materie an Zeit gekoppelt ist, ist auch eine Evolution, eine weitere Entwicklung, gut vorstellbar, auch zu erwarten. Wenn es andererseits im Sinne meiner Definition von Ewigkeit nur eine Gegenwart gibt, scheint eine Evolution, wie Darwin seine Theorie begründete, eher unwahrscheinlich. Ein Lebewesen ist nicht der Umwelt einfach ausgeliefert, sondern kann seine Entwicklung auch selbst beeinflussen. Wesentlich ist dabei, dass dies in vorgegebenen Regeln bzw. im Rahmen von gegebenen Evolutionsgesetzen erfolgt. Alles, was wir Menschen an Naturgesetzen entdecken können, ist auch letztendlich vom Schöpfer selbst vorgegeben. Im gesamten Schöpfungswerk gibt es eine göttliche Ordnung.

Für mich ist der größte Mystiker des Abendlandes Dionysius vom Areopag in Athen. Er wirkte im Umfeld des Apostels Paulus und wird auch in der Apostelgeschichte erwähnt. Er machte in seiner Lehre Aussagen, die ich als Grundwahrheiten sehr gut annehmen kann:

Wahre Erkenntnis Gottes wurzelt im Nichterkennen.
Gott ist Licht und mehr als Licht.
Die gesamte Schöpfung ist vom Licht Gottes durchdrungen.
Engel sind das Abbild der Gedanken Gottes.

Dionysius erklärt einerseits die unterschiedliche Durchdringung der gesamten Schöpfung vom Licht Gottes, vom Stein bis zum Menschen. Als vollkommen durchdrungen vom Licht Gottes nennt er die Engel, die ja die Gedanken Gottes darstellen. Andererseits ordnet er die Engel in eine ganz klare Struktur von Aufgaben und Kompetenzen ein. Er erklärt die göttliche Ordnung, die Gott in seiner Schöpfung errichtet hat und vor allem im Menschen errichten will. Der Mensch als »Ebenbild Gottes« ist mit einem freien Willen ausgestattet und kann seine Entwicklung am stärksten selbst mitbestimmen und somit auch beeinflussen. Wenn durch einen materiellen, somit von der Zeit abhängigen Zustand, eine Evolution möglich und durch einen zeitunabhängigen Zustand keine Evolution möglich ist, kann ich nur folgenden Schluss daraus ziehen: »Mit dem zeitunabhängigen Zustand ist die Vollkommenheit erreicht.« Eine zielführende Entwicklung zu einem vollkommenen Zustand kann meiner Ansicht nach daher nur eine theozentrische Entwicklung und keine egozentrische sein. Dies kann ich nur dann auch realistisch erreichen, wenn ich mich an einem vollkommenen und allmächtigen Gott orientiere.

Diesen Zustand, frei zu sein von einer egozentrischen Haltung, stattdessen Teil einer Hingabe der vollkommenen Liebe aller Gleichgesinnten zu sein, habe ich erlebt, mit dem Resultat eines vollkommenen Glücks von Geborgenheit, Freude, Gelassenheit und Liebe. Genau diesen unbeschreiblich wundervollen, glückseligen Zustand will ich unbedingt wieder erreichen. Gott wird ihn mir schenken, weil ich mich entschieden habe, ihm zu vertrauen, und weil er mich vollkommen liebt.

Rücksichtslos beuten wir oft die Natur aus oder fügen ihr großen Schaden mit irgendwelchen chemischen oder technischen Mitteln zu. In der Heiligen Schrift steht wohl, dass wir uns die Erde untertan machen sollen. Aber haben nicht gerade Vorsteher, Vorgesetzte, Eltern oder sonstige Bevollmächtigte auch die Verantwortung für das Gedeihen der »Untertanen«? Wir Menschen sind nicht die Herren der Schöpfung und können deshalb mit ihr auch nicht tun und lassen, was wir wollen. Wir sind eingeladen, die Welt zum Wohle der gesamten Schöpfung – der Pflanzen, Tiere und Menschen – zu pflegen und zu nutzen. Wenn wir nicht danach handeln, werden wir sie letztendlich zerstören und damit auch uns selbst. Der Schöpfer selbst ist der alleinige Herr und wir Menschen die Verwalter der uns anvertrauten Schöpfung.

Gott ist Liebe

Warum erlebte ich meine Verfehlungen in einer Art Film noch einmal? Wollte Gott mich quälen, indem er mir mein Versagen noch einmal vor Augen hielt, es mich noch einmal erleben ließ? Muss man Sündenstrafen auf sich nehmen, um erlöst zu werden? Musste ich die Hölle erleben, um zu leiden, um meine Schuld zu büßen? Die Stimme (Gott) sagte nur: »Das war nicht in Ordnung.« Diese Stimme klang klar und deutlich, aber nicht bedrohlich. Warum musste ich durch mein Fehlverhalten meiner Schwester gegenüber die Hölle erleben? – Es war unvorstellbar grausam, ein Leiden, welches unerträglich wurde, ohne dass ich etwas Vergleichbares schildern könnte? Dieses Leiden hatte ich selbst verursacht, weil ich nicht die Demut hatte zu sagen: »Ja, es war falsch.« Ich habe zuerst darum gerungen, dass es ja gar kein, später kein besonderer Fehler war. Ich wollte nicht schuldig sein. Als ich die Schuld begriffen hatte, wollte ich sie mit einer Strafe wieder gutmachen. Was für ein Hochmut, welch ein Stolz steckte in dieser Haltung! Dieses Ringen, auf meinen Stolz nicht verzichten zu können, brachte mich in die Hölle. Der Satan erhob zu Recht Anspruch auf meine Seele, jedoch wollten himmlische Mächte mich nicht ohne meine Entscheidung dem Satan einfach überlassen. Diese Hölle musste ich so lange erleben, bis mein Stolz endgültig ausgelöscht war. Erst dann konnte ich voller Demut sagen: »Es war nicht in Ordnung.« Sofort war ich der Macht des Bösen, der Hölle, entrissen. Durch das Eingeständnis meiner Schuld konnte Jesus mit seinem Leiden für meine Schuld eintreten und ich war erlöst.

Die Liebe Gottes ist vollkommen und vollkommene Liebe zwingt niemanden, auch nicht in den Himmel. Es ist die Sehnsucht Gottes, die ganze Schöpfung, sein Werk, zu erlösen. Gott verurteilt niemanden. Der Mensch selbst schließt sich vom ewigen Glück aus, wenn er nicht den Mut zur Demut hat, er nicht bereit ist, seinen Egoismus, den Stolz aufzugeben. Wenn der Stolz ausgelöscht ist, ist der Himmel offen. Wenn jemand meint, er könne sich selbst erlösen, seine Schuld selbst tilgen, dann ist dies Hochmut und führt sicherlich in die Hölle. Dort hat er die letzte Chance, seinen Irrtum zu korrigieren, indem er seinen Stolz aufgibt. Seinen Stolz auszulöschen, ist unglaublich schwierig, denn in unserem irdischen Leben ist er mächtig geworden und meistens geht damit einher, dass wir den Mut zur Demut begraben haben. Die göttliche Liebe, die ich erlebte, war totale Geborgenheit, Frieden und Freude in einem derartigen Ausmaß, das ich sie unmöglich beschreiben kann.

Im 1. Korintherbrief, Vers 13, beschreibt der Apostel Paulus ziemlich umfassend, was Liebe ist. Unter anderem ist die Liebe langmütig, trägt nichts nach, trägt selbst das Böse nicht nach, erträgt alles und hört niemals auf. Gott ist diese Liebe. Der Apostel Paulus schreibt auch, dass alle guten Werke wertlos sind, wenn sie ohne Liebe getan werden. Keiner kann sich den Himmel verdienen. Dieses Geschenk ist derart großartig, dass es nur in Demut und Gottvertrauen empfangen werden kann.

Vielleicht kommt jetzt die Frage auf: Wo bleibt da die Gerechtigkeit? Da kommt ja ohnehin jeder in den Himmel. Die Gerechtigkeit Gottes besteht nicht darin, dass jede Seele alles durch Strafen abbüßen muss, sondern vielmehr darin, dass der Stolz absterben muss, um in den Himmel zu gelangen. Ich musste durch die Hölle gehen, damit ich bereit war, meinen Stolz abzutöten. Und ich bin mir sicher, dass nicht jeder auf seinen Stolz verzichten will, dass nicht jeder Mensch bereit ist, zu bekennen, dass sein so schönes, egoistisches Leben falsch war. Manche Menschen haben schon in dieser Welt Angst vor einer Beziehung, weil sie meinen, sie könnten ihr Ich nicht mehr verwirklichen und müssten auf ihr Ego verzichten. Ihre Angst im Fegefeuer wird umso größer sein. Die Seelen im Himmel sind eine riesige Gemeinschaft, in der jede Seele zu hundert Prozent auf das Ego verzichtet, um nur vollkommen für jede andere Seele zu leben. Der Verzicht auf das Ego ist ein unglaublicher Gewinn. Deshalb ist die Beziehung zwischen den Seelen auch tausendmal intensiver als auf der Erde. Gott ist vollkommen gerecht, weil es keine einzige Ausnahme gibt. Jeder kann sich gegen die vollkommene Demut entscheiden. Er zwingt niemanden in den Himmel. Er erträgt es sogar, wenn sich jemand für sein Ego, für die Hölle entscheidet. Gott ist die vollkommene Liebe.

Die Kraft der Versöhnung

Schon bevor ich meinen Körper verließ, war Versöhnung das wesentlichste Thema, das mich beschäftigte. So gern hätte ich jedem Menschen persönlich noch gesagt, dass ich ihm oder ihr vergeben habe. Dieses Abschiedsgeschenk hätte sicherlich dem anderen und mir einen inneren Frieden bereitet, vorausgesetzt, dass der andere Mensch überhaupt bereit gewesen wäre, sich selbst ein Fehlverhalten einzugestehen. Ich kann mir durchaus vorstellen, dass so mancher Mitmensch auf mich erst recht wütend geworden wäre, weil er die Schuld seines Fehlverhaltens bei mir suchte. Man kann niemanden zu einer Versöhnung zwingen. Noch viel wichtiger war mir in dieser Phase jedoch, um Vergebung zu bitten. Dies nicht mehr zu können, war eine sehr schmerzhafte Erfahrung, so als würde mich ein Mühlstein zermalmen. Bereits bevor der Priester an mein Sterbebett kam, um mir das Sakrament der Krankensalbung – bei uns wurde es auch Letzte Ölung genannt – zu spenden, hatte ich schon eine große Sehnsucht nach dem Sakrament der Versöhnung. Mir drängte sich die Frage auf: »Habe ich aufgrund meiner so großen Sehnsucht nach der Beichte, wozu ich jedoch nicht in der

Lage war, dennoch die Gnade der Versöhnung mit Gott empfangen?« Mein Herz sagte Ja, obwohl ich über den Priester zu Unrecht verärgert war.

Versöhnung ist ein Zeichen für Mut, denn es gehört Stärke und Gottvertrauen dazu. Es ist ein Mut, der von Gott mit Gnaden belohnt wird: mit Erleichterung, Frieden, Freiheit, Freude und nicht zuletzt in der Folge mit einem besseren, erleichterten Leben. Versöhnung ist eine Macht, die auf dem Fundament der Liebe steht und daher so gnadenvoll ist, dass sogar der Stolz überwunden wird.

Das Versöhnungswerk schlechthin hat Gott selbst in und durch Jesus Christus vollbracht. Nach seiner Verklärung zieht Jesus nach Jerusalem hinauf in dem Bewusstsein, was ihn erwarten wird. Er weicht dem unsagbaren Leiden nicht aus, er geht darauf zu mit einem absoluten Vertrauen auf den Vater. Ohne sich zur Wehr zu setzen, ohne zu klagen, ohne zu murren, nimmt er das Unrecht seiner Verurteilung an, erträgt die fürchterlichsten Qualen bis zu seiner Hinrichtung am Kreuz. Am Kreuz sagt Jesus noch: »Vater, vergib ihnen, denn sie wissen nicht, was sie tun.« All dies erträgt er aus Liebe zum Vater, aus Liebe zu allen Menschen. Diese Liebe ist größer als alles Leid. Aus Liebe ist er für uns gestorben, für jeden Menschen, der dieses Liebesgeschenk annimmt.

Der größte Schmerz, den Jesus auf seinem Leidensweg zu ertragen hatte, war die Erkenntnis, dass nicht alle Menschen seinen Tod, seine völlige Hingabe aus Liebe, als Geschenk annehmen. Gott hat sich mit uns bedingungslos versöhnt. Er sagte nicht, dass er für uns nur sterbe, wenn wir ihn lieben. Stattdessen ist er für uns gestorben, damit wir in der Ewigkeit an seiner vollkommenen Liebe Anteil haben können.

Die Kostbarkeit der Ohrenbeichte wird in der katholischen Kirche immer seltener erkannt. Für mich ist sie ein wunderbares Geschenk, einfacher kann Versöhnung gar nicht stattfinden.

In der Anfangszeit des Christentums gab es das Herrenmahl, an dem nur jene Menschen teilhaben durften, die vor der eigentlichen Feier ihre Sünden öffentlich bekannt hatten. Um den Missbrauch zu unterbinden, hat die Kirche bald die Ohrenbeichte eingeführt, bei der der Priester der Vermittler zwischen Gott und dem Menschen ist. Für mich ist nicht wesentlich, welcher Priester im Beichtstuhl sitzt. Die Spannung zwischen dem Schuldbekenntnis, den ausgesprochenen Sünden, und der Lossprechung ist für mich eine intensive Begegnung mit Gott, mit der Liebe. Wenn jedoch der Priester mit Worten wie: »Was hättest du sonst auch tun können?«, die Schuld an meinem Fehlverhalten zu mildern versucht, fühle ich mich der Gottesbegegnung beraubt. Für mich ist jede Lieblosigkeit, jede Verletzung der göttlichen Liebe eine Sünde. Wenn ich mich daran erinnere, dass mich mein drangsalierendes Verhalten als vierjähriger Bub gegenüber meiner Schwester die Hölle erleben ließ, fällt es mir schwer, zwischen leichter und schwerer Sünde zu unterscheiden. Ich bin mir sicher, dass der Bußakt während der heiligen Messe keine Ohrenbeichte ersetzt, auch wenn es sich um einen Bußgottesdienst handelt. Auch eine Bußandacht kann diese Ohrenbeichte, bei der benanntes und bereutes Fehlverhalten ausgesprochen wird, nicht vollkommen ersetzen. Vielleicht fehlt einfach das Bewusstsein, dass ohne ein vollkommenes Versöhntsein der Himmel nicht möglich ist.

Wenn uns jemand Unrecht zugefügt hat, fällt uns die Versöhnung meistens besonders schwer und wir warten auf eine Entschuldigung. Dabei vergessen wir vollkommen, dass die Vergebung für uns selbst ein größeres Geschenk ist als für denjenigen Menschen, dem wir vergeben. Oft ist es auch ganz gut, wenn man sich eine Zeit lang aus dem Weg geht und mit einer persönlichen Begegnung wartet, bis die Wunden verheilt sind. Dennoch ist die Entscheidung zur Vergebung so rasch wie möglich notwendig, um sich im Herzen mit dem Menschen zu versöhnen. Das schönste Gebet für ein versöhntes Leben, wenn mir jemand Unrecht zugefügt hat, auch wenn dieser Mensch schon verstorben ist, ist für mich das Gebet des Erzbischofs von Luxemburg, Fernand Franck.

Vergebung: *In deinem Namen, Herr Jesus, durch die Macht des Heiligen Geistes, zur Ehre des Vaters, verzeihe ich all denen, die mir Leid zugefügt haben, ob ich sie kenne oder nicht, ob mir das Leid bewusst ist oder nicht, ich verzeihe ihnen allen ohne Ausnahme alles Ungute, das sie mir bewusst oder unbewusst zugefügt haben.* **Freispruch:** *In deinem Namen, Herr Jesus, durch die Macht des Heiligen Geistes, spreche ich all diese Personen für immer und ewig von aller Schuld mir gegenüber frei, OHNE IRGENDEINE Bedingung, ohne irgendeine Ausnahme.* **Segen:** *Und ich bitte dich, Herr, du mögest in reichem Maße deinen Geist der Liebe und des Segens auf sie herabkommen lassen. Amen Halleluja!*

Da war ja auch noch dieser »Lebensfilm« auf meinem Weg zum Licht, zu Gott. Dabei ging es um die Versöhnung zwischen Gott und mir, weil ich durch meine Sünden nicht nur die Seele anderer Menschen verletzt habe, sondern auch die Liebe Gottes selbst. Vor allem Gott zu lieben, mit ganzem Herzen und mit allen Sinnen, wird kaum einem Menschen gelingen. Die Aussage in der Heiligen Schrift, dass die Liebe zu Gott darin besteht, dass man die Gebote hält, macht die Situation nicht leichter, sondern es ist eher unmöglich, aus eigener Kraft dieser Liebe gerecht zu werden. Andererseits gibt es, fast neige ich dazu, zu sagen, zum Trost, kein MUSS bei Gott. In den Geboten heißt es immer: du SOLLST. Dies wirkt auf mich wie eine versöhnlich entgegengestreckte Hand Gottes, die ich ergreifen darf.

Wie ich schon erwähnt habe, gab es in meinem Leben Sünden, die ich im »Lebensfilm« nicht nochmals erlebte. Immer wieder fragte ich mich, warum ich diese im »Lebensfilm« nicht nochmals erleben musste. Darauf bekam ich keine Antwort. Erst als ich meine Fragestellung änderte, fiel es mir wie Schuppen von den Augen. Diese neue Fragestellung lautete: »Was haben die im Lebensfilm nicht erlebten Sünden gemeinsam?« Die Antwort war ganz klar: Ich hatte diese bereut und gebeichtet.

Manchmal werde ich das Gefühl nicht los, dass die katholische Kirche den wahren Wert der Sakramente nicht mehr erkennt. Aus eigener Erfahrung kann ich die Ohrenbeichte jedem Menschen empfehlen, sofern er einer katholischen oder orthodoxen Gemeinschaft angehört und eine möglichst »schmerzfreie Geburt« in den Himmel wünscht. Es ist auch der wichtigste Grund, warum eine andere Konfession für mich nicht infrage kommt. Betonen möchte ich noch, dass ich vor jedem Menschen einen großen Respekt habe, egal welcher Religion er angehört, wenn er diese Lehre auch lebt. Jesus selbst sagt als Hirt, dass wir uns nicht um andere Ställe kümmern sollen. So wird Gott sicherlich für alle Menschen einen Weg in den Himmel offenhalten, niemanden automatisch einfach ausschließen.

Die Kostbarkeit des Versagens

Ein Sprichwort sagt, dass alles zwei Seiten hat. Dies gilt unter bestimmten Voraussetzungen sogar auch für ein Fehlverhalten, ein konkretes Versagen.

Mit Versagen meine ich hier nicht ein gezieltes, absichtlichen Fehlverhalten um eines Vorteils willen, sondern in erster Linie ein nicht gezieltes oder leichtsinniges Verhalten, ohne die Konsequenzen zu bedenken. Auch Fehlverhalten in Situationen, in denen wir es nicht schaffen, aus eigener Kraft einer Versuchung zu widerstehen, ist hier gemeint. Doch Gott kann auch die erstgenannten Verfehlungen zu einem Segen verwandeln. Wir leben nicht in dieser Welt, um vollkommen zu sein. Vielmehr ist das Leben eine Schule Gottes, um unsere Grenzen zu erkennen und zu erfahren. Gott hat uns für eine bestimmte Familie bestimmt. Niemand kann sich die Eltern aussuchen. Jeder Mensch hat auch die Aufgabe, in seiner Familie heilbringend zu wirken, auch über Generationen hinweg. Oft erlebe ich, dass junge Menschen sagen: »So lieblos wie meine Mutter oder mein Vater werde ich nicht sein.« Und wenn die Menschen älter werden, dann werden sie ihren Eltern immer ähnlicher, genauso lieblos oder noch liebloser. Ein Versagen ist immer auch eine Versuchung durch den Satan, auch wenn es sich um eine Erbschuld handelt, die wir übernommen haben oder der wir vielleicht auch gar nicht widerstehen wollten.

An dieser Stelle muss ich jetzt an das Gebet denken, welches Jesus uns gelehrt hat, das Vaterunser. Wir beten im Vaterunser »und führe uns nicht in Versuchung« und wir meinen damit Gott. Für mich als Laien ist es absolut unbegreiflich, dass Gott mich prüft, indem er riskiert, dass ich versage. Wenn Gott tatsächlich der Verführer wäre, dann wäre ich so oder so ohne jede Schuld. Jede Erklärung, dass eine bestandene Prüfung durch Gott mich stärker im Glauben macht, klingt für mich nicht wirklich glaubwürdig, wenn Gott selbst mich versuchen würde.

Ein Priester, der vom Judentum zur katholischen Kirche konvertierte, gab mir folgende Erklärung: Jesus habe dieses Gebet in seiner aramäischen Sprache gebetet und dieser Text könne genauso gut übersetzt werden: »und führe uns in der Versuchung«. Diese Erklärung machte es mir möglich, dass ich das Vaterunser nach über zehn Jahren endlich wieder mit einem veränderten Text, aber mit ehrlichem Herzen beten konnte. Im Jakobusbrief, Kapitel 1, Vers 13, fand ich meine Auffassung vollkommen bestätigt. Dass Gott die Versuchung zulässt und ich bei Bewährung im Glauben dadurch wachsen kann, kann ich so auch gut annehmen.

Was geschieht jedoch, wenn ich die Prüfung nicht bestehe? Ohne die Hilfe, die Gnade Gottes, werde ich zwangsläufig sehr oft versagen. Es stellt sich die Frage: Bin ich dann automatisch Satan ausgeliefert, weil ich als Mensch, der Gott nur unvollkommen lieben kann, somit immer wieder zumindest gegen das erste Gebot verstoße? Ich bin überzeugt, dass dies nicht der Fall ist, vorausgesetzt, ich bereue mein Fehlverhalten von Herzen. Als Katholik kann ich sogar vom Priester im Auftrag und im Namen Gottes die Befreiung empfangen. Durch diese Herzensreue schenkt Gott mir die Gnade der Demut, meiner Ansicht nach das größte und kostbarste Geschenk, ohne das wir nicht in den Himmel kommen können. Aus meinem »Mist« macht Gott einen kostbaren »Dünger« für meine Seele, um reif zu werden für ein Leben in der ewigen Liebe. Gott ist der allmächtige Gott, weil seine Liebe vollkommen ist.

Heiligung durch geschenktes Leiden

Viele Menschen leiden, ohne selbst an ihrem Leid eine Schuld oder Teilschuld zu haben. Schnell hört man nach einem Unglück Aussagen wie: »Wieso kann Gott dies zulassen?« – »Wo bleibt die Gerechtigkeit Gottes?« oder »Es kann keinen Gott geben, der solches Leid zulässt!« Für viele Menschen ist das Leiden eine Strafe Gottes, aber kann es nicht auch sein, dass es eine Erwählung Gottes ist? Jesus sagt: »Werft eure Sorgen auf mich, ich werde euch tragen helfen.« Und tatsächlich wird die Last leichter, wenn wir unsere Sorgen Gott anvertrauen. Im Wort »anvertrauen« steckt auch das Vertrauen zu Gott, das Vertrauen auf seine Allmacht. Er kann aus allem etwas Gutes für uns erwirken, auch aus dem größten Unglück. Oft ist ein Unglück sogar notwendig, damit etwas Gutes geschehen kann. Schicksalsschläge sind meistens ein Zeichen für Veränderung oder Umkehr. Deshalb tragen sie auch dazu bei, wieder auf den Weg des Heils zu kommen, wenn wir uns zu weit entfernt haben. Wenn wir uns entschlossen haben, das Leid oder Unglück im Vertrauen auf Gott anzunehmen, dann wirkt Gott auch in uns selbst. Der leidende Jesus Christus lebt in uns, weil er uns nicht alleinlässt, und er überträgt dabei seine Heiligkeit auch auf uns. Er umarmt den Leidenden, schenkt Trost und umhüllt ihn mit göttlicher Heiligkeit. Wenn wir leidenden Menschen dienen, dienen wir auch Jesus Christus selbst. Ein derartig mit Gott geteiltes Leid ist unendlich kostbar, schenkt Frieden und Gelassenheit, und ist auch durchdrungen von der so kostbaren Demut, von der göttlichen Liebe.

Ich erinnere mich an meine unglaublichen Schmerzen nach der Rückkehr aus dem Jenseits in meinen Körper. Ich hatte gar keine andere Chance, als mein Leiden im

Vertrauen auf Gott zu ertragen. Trotz aller Schmerzen war diese Zeit für mich eine heilende und heilige Zeit. Erst als es mir körperlich besser ging, ich unzufrieden über meinem Zustand wurde, verlor ich diese Heiligkeit und wurde immer unglücklicher, die Gelassenheit, der Frieden und die Freude im Herzen wurden immer schwächer. Auch wenn es eigenartig klingt: Je besser es meinem Körper ging, desto schlechter ging es mir seelisch. Die Nähe Gottes wurde immer schwächer spürbar. Im Nachhinein betrachtet, gehört die schmerzvollste Zeit meines Lebens sicherlich zu jener Zeit, in der ich Gott, der vollkommenen Liebe in dieser Welt, am nächsten war. Mein extremes Leiden war durchdrungen von Heiligkeit. Es war ein wunderbares Geschenk Gottes, welches jedes Leid in den Schatten stellte. Aufgrund dieser Erfahrung bin ich auch überzeugt, dass die Freude in Jesus Christus am Kreuz noch größer war als sein Leiden, denn Jesus wusste, welch großartiges Geschenk er uns Menschen damit macht. »Danke, Jesus, für dein für uns Menschen heilbringendes und heiliges Leiden!« Das von Gott »geschenkte« Leiden ist kostbar. Wenn jedoch jemand meint, er könnte Gott näherkommen, indem er sich selbst Leid zufügt, dann ist dies ein großer Irrtum. Mehr noch, es ist Hochmut, zu glauben, dass man Gott näherkommt, wenn man sich viel Leid zufügt. Dies wäre ein Glaube an die Selbsterlösung. Nach Tausenden von Jahren, nach allen Bemühungen, ins Paradies zurückzukehren, war den Juden klar, dass sie einen Messias brauchten, dass sie das Paradies von sich aus nicht erreichen konnten. Es ist schon eigenartig, dass gerade die Juden Jesus nicht als den Messias erkannten, mit wenigen Ausnahmen, obwohl sie ihn sehnsüchtig erwarteten.

Die Macht des Wortes

Die Bibel beginnt mit dem Schöpfungsbericht: Gott sprach: Es werde Licht und es ward Licht. Als moderne und technisch orientierte Menschen können wir damit nichts anfangen. Vom Reden allein ist bei uns noch nie etwas geschehen. Allerdings gibt es auch eine kleine und oft belächelte Gruppe von Wissenschaftlern, die Quantenphysiker, für die Information alles ist. Auch ich bin der Überzeugung, dass das Wort nicht nur im Schöpfungsbericht mächtig ist, sondern auch heute noch Schöpfungskraft besitzt. Ohne das Wort – dazu gehört auch der Gedanke – können wir nichts bewerkstelligen. Die Auswirkungen von Worten sind in allen Lebensbereichen sehr vielfältig. Ein Künstler könnte kein Kunstwerk schaffen, wenn sich das Werk in seinem Kopf nicht entwickeln würde. Ein Architekt kann keinen Plan ohne klare Vorstellungen, die meist nur durch Gespräche möglich sind, für ein Gebäude entwerfen. Beinahe alles, was wir tun, wird erst durch das Wort möglich, auch wenn wir bei Routinearbeiten nicht mehr aktiv denken müssen, weil die notwendige Information schon in unserem Gehirn abgespeichert ist und bei Bedarf automatisch abgerufen wird. Bei genauerer Betrachtung können wir feststellen, dass unsere Gedanken und Worte unser Leben bestimmen. Letztendlich können wir auch feststellen, dass die Qualität unserer Gedanken auch unserer Lebensqualität entspricht, sofern wir nicht überwiegend von äußeren Zwängen beeinträchtigt werden. Einfach formuliert: Unsere Gedanken bestimmen unser Leben. Wäre es da nicht vernünftig, vor allem wenn im Leben etwas schiefläuft, die eigenen Gedanken zu überprüfen, ob dieses »Schon wieder geht etwas schief« mit meinem Denken zu tun hat? Schafft negatives Denken tatsächlich auch ein belastendes Leben? Es ist doch fast pervers, zu meinen, dass etwas besser wird, wenn man darüber schimpft. Tatsächlich wird das Beschimpfte noch stärker oder fester zementiert.

Diese Erkenntnis lässt schon vermuten, dass es Regeln bzw. Gesetzlichkeiten für die Macht des Wortes gibt. Es sind Gesetze, die von Gott geschaffen sind, die auch so manches Sprichwort wiedergibt. »Wie man in den Wald hineinruft, so schallt es heraus.« Diesen Spruch kennen viele Menschen und dennoch beherzigen ihn nur wenige. Wie viel weniger Streit, Auseinandersetzungen oder Missverständnisse würde es geben, wenn dieser eine Spruch von allen Menschen ernst genommen würde.

Der Apostel Paulus warnt im Korintherbrief davor, über Priester negativ zu sprechen, da ansonsten die göttliche Kraft des Priesters immer schwächer und auch somit die Wirkung des Priesters schwächer, wenn nicht sogar negativ wird. Diese Regel gilt für alle Menschen. Wenn wir möchten, dass ein Mensch für uns positiver wird, nicht so negativ belastend ist, dann ist es wichtig, diesem Menschen zu sagen, was er gut macht. Dies macht ihn gut. Umgekehrt gilt: Wenn wir ihm sagen, was er falsch macht, wird er dieses »Falsche« kaum ablegen können. Warum dies so ist, begründet sich darin, dass er argumentieren kann, warum er sich aus unserer Sicht falsch verhält. Es geht nicht einfach darum, nur positiv zu sein, sondern positiv zu sein durch eine berechtigte Hoffnung auf Gott. Er hat die Gesetzmäßigkeiten der Wirkung und somit der Macht des Wortes festgelegt.

Eine weitere wichtige Regel lautet: »Sage niemals, was du nicht willst, sondern immer, was du willst!« Seit Jahren beobachte ich den Kampf gegen die Abtreibung. Einzelne Erfolge geben diesen unglaublich mutigen und engagierten Menschen immer wieder die Kraft, weiterzukämpfen. Mithilfe des Gebetes wurden schon einige Abtreibungskliniken geschlossen. Dennoch wurde die Möglichkeit der Abtreibung immer leichter zugänglich gemacht. Allgemeine Krankenhäuser sind dafür schon zuständig und der Gesetzgeber schützt die Frauen, die abtreiben wollen, vor den lästigen Abtreibungsgegnern. Würden die Abtreibungsgegner mit gleichem Engagement für das kostbarste aller Güter, für das Leben, kämpfen, hätten es die Befürworter der Abtreibung viel schwerer, von der Öffentlichkeit akzeptiert zu werden. Davon bin ich überzeugt.

Der Apostel Paulus sagt im Brief an die Philipper: »Freut euch im Herrn zu jeder Zeit.« Er meint dies tatsächlich wörtlich. Schon höre ich die Reaktion: »Ich kann mich doch nicht freuen, wenn ich gerade eine Kündigung meines Arbeitsverhältnisses erhalten habe oder sonst eine belastende Erfahrung mache.« Ja, es ist nicht einfach, denn wir leben in Europa und in Nordamerika nach dem griechischen dualen Denkmuster: entweder-oder. Entweder ich leide oder ich freue mich, beides gleichzeitig geht nicht. Wieso eigentlich nicht? In anderen Kulturen in Asien, Afrika, bei den Ureinwohnern Australiens usw. kennt man zusätzlich auch noch ein Sowohl-als-auch. Ist dieses »Entweder-oder« nicht wie ein »Schwarz-Weiß-Sehen« und ein »Sowohl-als-auch« wie ein »Bunt- bzw. Farbig-Sehen«? Wenn wir uns bewusst darum bemühen, in negativen Situationen die Freude im Vertrauen auf Gott zu suchen, wirken die Probleme nicht mehr so belastend, und wir haben die Kraft, eine gute Lösung zu finden.

Immer wieder sind wir versucht, den Mitmenschen zu sagen, was sie falsch gemacht haben. Wir helfen keiner Frau, die ihr Kind abgetrieben hat, wenn wir ihr sagen, dass Abtreibung Mord ist. Kaum jemand will ein Mörder sein. Deshalb wird diese Frau ihre Gründe zur Abtreibung mit aller Kraft verteidigen, damit sie diesen Mord vor sich selbst rechtfertigen kann. Vermutlich wird diese Frau zu Recht allen Abtreibungsgegnern aus dem Weg gehen, denn sie sind belastend für das Leben der Frau. Kann diese Frau, auch wenn sie christlich ist, den Weg in die Kirche überhaupt finden? Oder wird sie in eine Haltung gegen die Kirche und gegen Gott getrieben? Jede Frau, die ihr Kind nicht gebären konnte, bekommt deswegen Probleme. Sie braucht Hilfe, sie braucht Hoffnung, sie braucht Barmherzigkeit, sie braucht eine Geborgenheit in der Liebe. Gott schenkt dieser Frau all dies, wenn sie behutsam in Liebe zu ihm hingeführt wird. So wird für diese Frau aus einem »Mord« ein Segen entstehen.

In der Bibel steht unzählige Male: »Urteilt nicht!«, dennoch erleben wir es täglich immer wieder. Natürlich habe ich das Recht und die Pflicht, mir ein Bild zu machen und jemanden darauf aufmerksam zu machen, dass er meiner Überzeugung nach möglicherweise einen Fehler macht. Dennoch muss ich seine Entscheidung, sofern andere Menschen nicht zu Schaden kommen, akzeptieren. Wenn ich etwas akzeptiere, muss ich es noch lange nicht gutheißen. Nur derjenige, der eine Entscheidung zu treffen hat, trägt dafür auch vor Gott die Verantwortung und hat somit auch die Pflicht, so zu entscheiden, wie er es für richtig hält. Was für mich richtig ist, muss für einen anderen Menschen noch lange nicht richtig sein. Dies gilt auch umgekehrt. Gott hat uns diese Freiheit geschenkt und diese sollte daher für uns unantastbar sein. Worte zerstören nicht nur viel, sondern vertreiben oft Menschen aus der Kirche. Meine Mutter sagte zu mir, als ich noch ein Kind war: »Manchmal fällt es mir wirklich schwer, in die Kirche zu gehen. Nach dem Gottesdienst wird man gleich angesprochen und schnell wird man in ein Gespräch hineingezogen, in dem negativ über irgendjemanden gesprochen wird. Das ist Rufmord, damit will ich nichts zu tun haben. Rufmord ist nicht besser als ein richtiger Mord. Die Zunge ist jener Teil unseres Körpers, der mit Abstand am häufigsten sündigt.« Tatsächlich werden auch viele Gläubige durch negatives Reden und durch Lieblosigkeiten aus der Kirche vertrieben. Durch das Wort kann Gutes, aber auch unendlich viel Schlechtes in die Welt hineingetragen werden. Entscheide ich mich für das gute Wort, werde ich auch Gutes ernten, Frieden haben und glücklich sein. Die Entscheidung liegt bei mir selbst. Ich bestimme mit meinen Entscheidungen, mit meinen Gedanken und Worten meine Lebensqualität. Mein Wort hat Schöpfungskraft, schafft Gutes oder Schlechtes für mich und die ganze Welt.

Die Kostbarkeit der heiligen Messe

Vor meiner Reise ins Jenseits war der Empfang der Kommunion mit Abstand der Höhepunkt bei jeder heiligen Messe: Ich darf Gott in mich aufnehmen, so werde ich zum Tabernakel, so macht Gott mich zu seinem Tempel. Gott ist in mir, lebt in mir, ich fühle mich von Gott geliebt. Es ist eine ganz persönliche und sehr intime Begegnung und Beziehung mit und zu Gott. Wenn ich Gott in meinen Leib aufnehme, so verteilt sich Gott in jede einzelne Zelle meines Körpers, nicht ich verzehre ihn, sondern vielmehr er mich. Es ist ein wunderbares Gefühl, von Gott vollkommen durchdrungen zu sein.

Seit meiner Jenseitserfahrung beschäftigt mich der gesamte Ablauf der heiligen Messe – von der Begrüßung bis zum Schlusssegen –, am intensivsten jedoch die Eucharistiefeier. Die heilige Messe kann man ja aus verschiedensten Blickwinkeln, je nachdem, worauf man den Schwerpunkt legt, betrachten: zum Beispiel als Bußfeier, als Dankfeier oder als Messopfer.

Für mich ist die bedeutungsvollste Betrachtungsvariante die einer Gedächtnisfeier. Damit meine ich nicht nur eine Feier, in der man sich an ein Ereignis erinnert, sondern das Wiedererleben eines Ereignisses, so real, als würde es jetzt stattfinden. In meiner Jenseitserfahrung habe ich die Freiheit von Zeit und Raum erlebt, die in der Ewigkeit Realität ist. Die eucharistische Feier ist die Brücke von der Zeit in dieser Welt zur Ewigkeit, in der es nur eine Gegenwart gibt und jede Zeit vergegenwärtigt werden kann. Dies ist für mich nicht nur ein faszinierender Gedanke, sondern absolute Realität. So werden das Opfer Christi und seine Auferstehung in der Eucharistiefeier gegenwärtig gesetzt, sie finden bei jeder Feier jetzt statt und haben dennoch nur einmal stattgefunden.

Dieses Geschenk der Eucharistiefeier ermöglicht somit unfassbare Möglichkeiten. Alles, was ich in das Opfer Christi lege, nimmt Jesus Christus auch schon in die Auferstehung und somit geheilt und gereinigt in den Himmel mit. Ein Beispiel zur leichteren Verständlichkeit: Ich lege bei der Opferung meinen Streit mit meinem Unfallgegner vor fünf Jahren in das Opfer Christi als mein Geschenk an den Gastgeber und so nimmt Jesus Christus dieses Ereignis durch seine Auferstehung mit in den Himmel. Dieser Streit wird von Gott als Werkzeug benutzt, damit ich mich für den Himmel entscheide. Wesentlich dabei ist, dass ich dieses Geschenk mit allen Rechten Gott übergebe. Gott kann mit diesem Geschenk tun und lassen, was er will. Ich vertraue darauf, dass Gott mit Sicherheit aus diesem Streit etwas mit einer guten Folgewirkung für alle Beteiligten macht. Diese Eucharistiefeier ermöglicht es mir, alle Missstände und jedes Fehlverhalten Gott zum Geschenk zu machen, und ich habe eine berechtigte Hoffnung, dass Gott etwas Gutes daraus macht. »Mist und Unheil« werden zum »Dünger« und zum Segen für die Beteiligten.

Das Wirken Gottes in meinem persönlichen Leben

Viele Menschen, die meine Schriften lesen oder einen Vortrag von mir hören, meinen, ich müsste ein heiliges und fehlerfreies Leben führen. Dies ist überhaupt nicht so. Gern hätte ich mir so manche Fehlentscheidungen erspart. Wenn ich ohne Fehler leben würde, hätte ich gar keine Berechtigung, auf dieser Welt noch zu wandeln. Es wäre meines Erachtens sinnlos, wenn ein vollkommen heiliger Mensch noch weiter auf dieser Welt leben würde, da der Sinn des Lebens die Schule Gottes ist.

Wie sieht der »Lehrplan« Gottes aus?

◆ Vertraue Gott trotz aller Schicksalsschläge und Enttäuschungen.

◆ Der allmächtige Gott ist Liebe in allem.

◆ Vergängliches loslassen und ewige Werte suchen und finden.

◆ Wenn du vor Schmerz Tränen weinst, suche die Freude.

◆ Von Gott als Heilsbringer sich benutzen lassen.

◆ Du bist von Gott erwählt, du selbst zu sein, keine Kopie.

◆ Gott versteht dich und dies genügt.

◆ Ohne Liebe ist ALLES nichts.

Es ist besonders wertvoll, Demut zu üben und zu lieben – wie könnte ich dies lernen, ohne auch selbst Fehler zu machen? Wie könnte ich die Stärkung meines Stolzes und den Hochmut verhindern, ohne selbst Fehler zu machen? Meine brennende Sehnsucht ist das ewige Leben in der vollkommenen Liebe Gottes und dieses Ziel kann ich nur mit einem starken Vertrauen auf Gott, ohne jeden Stolz und mit einer vollkommenen Demut erreichen. So bin ich ganz froh, auch fehlerhaft zu sein, denn auf Jesus, meinen Heiland, kann ich absolut vertrauen, der sagt, dass er die Sünder liebe. Im Übrigen erkennt man das Wirken Gottes am leichtesten, wenn »Fehler« gemacht werden. Wenn etwas gut gelingt, wird es fast immer den handelnden Personen zugeschrieben, an ein Wirken Gottes denkt dabei kaum jemand.

Meine Berufung, mich von Gott führen zu lassen

Als Kind, schon bevor ich zur Schule ging, war mir klar, dass ich meinen Weg mit Jesus gehen und dass ich Menschen zur Liebe Gottes führen werde. Wenn ich gefragt wurde: »Josef, was willst du einmal werden?«, kam meine Antwort wie aus der Pistole geschossen: »Ich werde Priester!« Nach einigem Zögern kam dann noch eine Korrektur: »Priester werde ich lieber nicht, denn denen geht es viel zu gut. Ich werde Missionar!« Diese Überzeugung trug ich so lange in meinem Herzen, bis es zu der schicksalhaften Begegnung mit dem Abt kam, der keine Spur von einer liebevollen Gottesbeziehung ausstrahlte, sondern nur eisige Kälte. Damals war ich zehn Jahre alt und erlebte die schlimmste Nacht meines Lebens. Der Kampf in mir fand einerseits statt zwischen meiner Verzweiflung und meiner unzureichenden Demut, die Kälte des Abtes zu ertragen, und einer unglaublichen Sehnsucht nach Liebe andererseits. In diesem kaum zu ertragenden Ringen sagte ich schließlich, schweißgebadet und total erschöpft, erfüllt von Angst, mich gegen Gott zu entscheiden: »Jesus, wenn ich deiner Liebe in der Kirche nicht begegnen kann, kann ich dort nicht dienen.« Voller Tränen fügte ich noch hinzu: »Meine Sehnsucht nach Liebe werde ich bei den Frauen finden und stillen.« Dabei dachte ich auch an meine Mutter, die immer sehr liebevoll und zärtlich war. Bei ihr fühlte ich mich vollkommen geborgen. Dennoch spürte ich stark in meinem Innersten, dass die göttliche Liebe etwas viel Größeres ist. Etwas später, noch vor dem Morgengrauen, tröstete mich Jesus mit den Worten: »Josef, sei nicht traurig. Es ist nicht notwendig, Theologie zu studieren, du bekommst alles zur rechten Zeit vom Heiligen Geist. Ich kenne deine Sehnsucht nach Geborgenheit und Liebe.«

Die Qual, einen Beruf zu wählen

Nach meiner Nahtoderfahrung fiel es mir sehr schwer, mich mit dem Leben zu arrangieren oder gar anzufreunden. Mich belastete auch eine Frage, die immer wieder in mir hochkam: »Kann ich nach meiner Nahtoderfahrung überhaupt noch Pilot werden?« Um diese immer wiederkehrende Unruhe in mir endlich loszuwerden, schrieb ich einen Brief an die österreichische Luftfahrtgesellschaft *Austrian Airlines*. Dort wollte ich auch ausgebildet werden. Nach ungefähr drei Wochen des Bangens, welche Antwort wohl eintreffen würde, kam endlich der ersehnte Brief. Ich wagte nicht, ihn zu öffnen. Nach einiger Zeit fragte mich ein Schulkollege, Michael, dem ich von meinem Schreiben an die *AUA* erzählt hatte: »Josef, hast du schon eine Antwort auf deinen Brief bekommen?« Ich griff in meine Hosentasche und hielt ihm den Brief hin. Michael nahm mir den Brief aus der Hand und sagte etwas erstaunt: »Der ist ja noch verschlossen!« Er riss das Kuvert einfach auf, nahm das Schreiben heraus und las schweigend. Als Michael den Brief gelesen hatte, machte er mir einen Vorschlag: »Josef, ich möchte mich gern über deinen bedeutungsvollen Brief von der *AUA* unterhalten, am liebsten bei einem Glas Bier. Komm, ich lade dich ein.« Wir gingen in ein Gasthaus in der Nähe des Schauspielhauses. Nach dem ersten Schluck aus dem Bierglas sagte ich: »Michael, du hast noch immer meinen Brief. Was steht drin?« Er reichte mir den Brief über den Tisch und bemerkte: »Diese Idioten nehmen dich nicht wegen irgend so eines Psychorisikos, aber ich will mit dir etwas ganz anderes besprechen.«

Ich wusste es: Mit dem Beruf als Pilot sollte es auch nichts werden. Nur noch anderthalb Jahre Schule lagen vor mir und ich hatte keine Ahnung, welchen Beruf ich wählen sollte, was ich überhaupt in meinem Leben machen wollte. Während ich darüber nachdachte, erzählte Michael von Argentinien. Dort hatte sein Onkel eine riesige Ranch und Michael wollte nach Argentinien gehen, um dort Kraftwerke zu bauen. Mit den Worten: »Josef, du kommst mit mir«, riss Michael mich aus meinem Grübeln. »Hallo, Michael, ein bisschen Zeit zum Überlegen brauche ich noch«, war meine Antwort. Irgendwie gefiel mir der Gedanke, alles hinter mir zu lassen und in eine neue Welt zu ziehen. Doch die Vorstellung eines riesigen Landes, das kaum mit Menschen besiedelt war, gefiel mir nicht. So lehnte ich es schließlich ab, mit Michael nach Argentinien zu gehen und Kraftwerke zu bauen. Ich entschied, dass ich lieber bei meiner Mutter bleiben wollte, und hoffte darauf, dass Gott mir schon einen Weg zeigen würde.

Meine Gefühlswelt glich Ebbe und Flut

Schon kurz nach meiner Entscheidung, nicht nach Süd-
amerika zu gehen, kam mein Schulkollege Andreas zu
mir und erzählte mir, dass er noch vor dem Schulende einen Fernkurs beginnen werde: eine Ausbildung zum As-
sembler-Programmierer mit einer Einführung in Compu-
ter-Grundlagen. Anfangs hatte ich gar keine Lust, einen
Fernkurs zu machen, doch als Andreas mir erklärte, dass
die Zukunft in den Computern liege, und dass wir, wenn
wir den Fernkurs gemeinsam machen würden, sicherlich
mehr Erfolg hätten, als wenn wir allein lernen müssten,
begann ich, Gefallen an dieser Möglichkeit zu finden. Als
ich meinem Vater davon erzählte, war er zu meiner Über-
raschung sofort davon begeistert und meldete mich bei
diesem Fernkurs an. Gleich nach Ende der Schule zog Andreas jedoch nach München, sodass es mit der gemeinsamen Ausbildung vorbei war. Als dann die Einberufung
zum Militär kam, brach ich das Fernstudium ab.

Inzwischen hatten sich meine Gottesdienstbesuche auf
die Sonn- und Feiertage reduziert. Wenn ich Sehnsucht
nach Geborgenheit hatte, ging ich immer gern in eine Kirche oder auch in eine Kapelle, wenn dort keine Feier stattfand. Dort fühlte ich mich wirklich wohl und konnte in der
absoluten Stille auch in mich hineinhorchen. Dann wusste
ich auch, was mir fehlte, wonach ich mich zutiefst sehnte:
nach der wunderbaren und wohltuenden göttlichen Liebe.
Meine Gefühle beim Verlassen des Gotteshauses waren
sehr unterschiedlich. Manchmal war ich gestärkt und voll
Freude, weil die Existenz des liebenden Gottes meinen inneren Raum ausfüllte, und manchmal war ich sehr traurig
und melancholisch, weil ich noch nicht in dieser göttlichen
Liebe leben konnte. Nach dem neunmonatigen Militär-

dienst ging es erst einmal darum, Geld zu verdienen, und so fand ich Arbeit in einem Elektrounternehmen.

Eine überraschende Liebesnacht und deren Folgen

In dieser Zeit kam es, für mich doch sehr überraschend, zu meiner ersten Liebesnacht mit einem Mädchen, das ungefähr in meinem Alter war. Wir begegneten uns schon in der Hauptschule. Ein paar Wochen später erfuhr ich, dass das Mädchen schwanger war und ihre Mutter eine Abtreibung verlangte. Diese wäre nur zu verhindern, wenn wir heirateten. Für mich war ganz klar, dass eine Abtreibung nicht infrage kam. Also beschloss ich, dass wir heiraten sollten, auch wenn es nicht die große Liebe war. Die Tage bis zur Hochzeit waren erfüllt von Zweifel und Hoffnung. Selbst im Gebet bekam ich für eine Eheschließung keine Zustimmung, vielmehr die Gewissheit, dass es ein sehr dorniger Weg werden würde. Meine Schwester meinte, als ich ihr davon erzählte, dass dies eine ganz normale Bindungsangst sei. Bei der Trauungszeremonie in der Kirche wusste ich, dass ich zu dieser Ehe Nein sagten sollte, aber das ging nicht, denn das Kind musste leben. Trotz aller Umstände war ich immer bemüht, ein guter und liebender Ehemann und Vater zu sein. Meine Sehnsucht nach der göttlichen Liebe konnte jedoch durch die Liebe zu Frau und Kindern nicht gestillt werden, sie blieb bestehen.

Führungsaufgaben waren meine Herausforderung

Mein Interesse an der Computerwelt erwachte wieder, sodass ich den abgebrochenen Fernlehrgang fortsetzte. Kurz darauf las ich in einer Zeitung von freien Arbeitsplätzen in einem Dienstleistungsunternehmen, welches Rechenzentren in Österreich errichtete. Die Ausbildung erfolgte kostenlos bei guter Bezahlung. Ich bewarb mich und bekam einen gut bezahlten Job. Nach wenigen Monaten im Unternehmen war mir klar, dass ich eine Führungsposition anstreben wollte, in der ich Mitarbeitern helfen konnte, erfolgreich zu sein. Nach etwas mehr als zwei Jahren wurde mir die Leitung einer kleinen Abteilung übertragen. Alle Mitarbeiter hatten mehr Berufserfahrung und fast alle erwarteten, selbst die Position zu bekommen. Es dauerte ungefähr drei Monate, bis alle Mitarbeiter verstanden, dass es mir nicht darum ging, Macht über sie auszuüben, sondern dass wir als Team arbeiten sollten, in dem jeder seine Stärken einbringen sollte, sodass wir gemeinsam unsere Ziele erreichen konnten. Dennoch gab es immer wieder Disharmonien und auch Konflikte. »Wie kann und soll ich damit umgehen?«, stellte ich mir die Frage. Um mir Klarheit für Entscheidungen zu verschaffen, brauchte ich Ruhe, Stille. Wenn eine hohe Dringlichkeit für ein Handeln notwendig war, vereinbarte ich einen kurzfristigen Termin mit allen Betroffenen und besuchte, wenn es irgendwie möglich war, davor noch eine Kirche. Dort versuchte ich, alles loszulassen und im Gebet wirkliche Ruhe zu finden.

Im Übrigen verstehe ich unter Gebet nicht, dass ich irgendeinen Gebetstext aufsagen muss, sondern dass ich mir der Gegenwart Gottes bewusst bin.

Wenn ich alles losgelassen hatte und für mich eine starke Präsenz Gottes spürbar war, begann ich, Fragen zu formulieren, und fühlte in mein Inneres hinein. Dort konnte ich am sichersten die Antwort Gottes spüren. Mir ging es bei meinen Fragen überwiegend darum, wie ich in der Besprechung vorgehen sollte, welche Fragen ich stellen sollte, damit wir eine gemeinsame, tragfähige und bestmögliche Lösung finden konnten. Die Betreuung des Teams stand für mich im Mittelpunkt.

Ich kann mich an kein einziges Meeting erinnern, bei dem wir keine wirklich gute Lösung fanden, die wir danach auch umsetzten, vorausgesetzt, ich konnte mich bei Gott vorbereiten. Dabei kamen mir oft Ideen, die ohne dieses Sich-Zurückzuziehen und In-sich-Hineinhören kaum möglich gewesen wären.

Ein Karrieresprung

Nach etwas mehr als insgesamt zehn Jahren erfolgreichen Wirkens in diesem Unternehmen kam eine Zeit, in der für mich alles schwieriger und mühsamer wurde. Ich kann gar nicht sagen, woran es wirklich lag. In dieser Phase bekam ich über einen *Headhunter* ein Angebot, mich bei einem großen internationalen Computerhersteller zu bewerben, und zwar als *Support Manager* in der *Division Finance*. Die *Division Finance* war zuständig für Geldinstitute, Bausparkassen, Leasingunternehmen, Versicherungen und Dienstleistungsunternehmen, für Banken und Versicherungen. Bei einem Audit durch Führungskräfte des Konzerns stellte mir der *Technical Manager* die Frage: »Herr Atzmüller, mit welcher primären Erwartungshaltung Ihrerseits sollte der Konzern rechnen, wenn Sie die Funktion des *Support Managers* bekommen würden?« Jetzt musste ich meinen ganzen Mut zusammennehmen, das zu sagen, was ich am

Morgen in Bildern gesehen hatte. Schon am Abend betete ich um die Führung durch den Heiligen Geist, mit dem Bewusstsein, dass dies, sollte ich diese Manager-Funktion im Computerkonzern nicht bekommen, auch nicht dem Willen Gottes entspräche. Die Bilder, die ich beim Aufwachen morgens sah, zeigten mir ganz klar, dass die *Support Group* nur dann erfolgreich sein konnte, wenn gute Gewinne erzielt würden. Heutzutage ist dies eine Selbstverständlichkeit, in den 80er- und auch noch in den 90er-Jahren war dies nicht so. Zwei Tage vor dem Audit hatte ich noch ein Gespräch mit dem *Headhunter*. Von ihm bekam ich alle relevanten Informationen über das Unternehmen und auch die Information, welchen Stellenwert der *Support* im Unternehmen selbst hatte: Er war eine notwendige Zugabe und Unterstützung für die verkauften Geräte, damit diese auch zur Zufriedenheit der Kunden funktionierten.

Nachdem ich tief Luft geholt hatte, antwortete ich: »Damit meine Abteilung von hochkarätigen Experten für den Konzern erfolgreich arbeiten kann, ist es notwendig, dass wir spätestens im zweiten Jahr meiner Tätigkeit Gewinne erzielen.« Diese Antwort löste doch etwas Erstaunen bei den Auditoren aus. Einer der Auditoren sagte nach einer Weile: »Wenn Sie sich Ihre Antwort jetzt nochmals überlegen, was würden Sie dann sagen?« – »Ich habe mich auf diese Frage vorbereitet und bleibe bei dieser Antwort«, antwortete ich jetzt wie aus der Pistole geschossen. Die Herren bedankten sich und entließen mich mit den Worten: »Sie bekommen von uns spätestens in sechs Wochen ein Schreiben.« Dies hinterließ bei mir ein Gefühl, dass diese Sache gelaufen war und dass ich diese Anstellung abschreiben konnte. Ich rechnete damit, dass ich mich mit dieser Antwort vermutlich selbst aus dem Rennen geworfen hatte. Trotzdem war ich mit mir zufrieden. In meinem ganzen Berufsleben hatte ich mich bisher nicht nach möglichen Erwartungen von Vorgesetzten gerichtet und dies sollte auch so bleiben.

Die Führung durch Gott zählt für mich, ansonsten nichts, denn diese ist mit Sicherheit so, dass ich das ewige Leben in Fülle erreichen werde. Kein Ziel auf dieser Welt kann mir wichtiger sein. Nur bei circa zehn bis vielleicht fünfzehn Prozent all meiner Bitten um Hilfe bekomme ich auch hilfreiche Antworten, meist sind es eher Hinweise als klare Antworten.

Enttäuschungen führten auf die richtige Spur

Es vergingen keine drei Wochen, als ich einen sehr kurz gehaltenen Brief von der Computerfirma bekam, in dem mir mitgeteilt wurde, dass ich den Personalchef zwecks Terminvereinbarung anrufen sollte. Bei diesem Gespräch mit dem Personalchef vereinbarten wir noch die Änderung des Passus »Budgetverantwortung«, sodass ich zwar eine Rahmenvorgabe bekam, jedoch die Verteilung der Gelder auf die Ressourcen selbst flexibel bestimmen konnte. Somit hatte ich ein gutes Gefühl, denn die Verantwortung und die dazu notwendige Kompetenz lagen in meiner Hand.

Voller Enthusiasmus startete ich mit meiner Aufgabe zwei Monate später, überzeugt, dass Gott mit mir ist und gute Voraussetzungen geschaffen worden sind, um erfolgreich zu sein. Die ersten Tage waren jedoch enttäuschend, um nicht zu sagen, ziemlich frustrierend. Bei meiner Vorstellung durch den Personalchef waren trotz Ankündigung nur 12 von insgesamt 38 Mitarbeitern anwesend, die eher desinteressiert waren. Am ersten Arbeitstag formulierte ich mein erstes Arbeitsgebot: »Immer gut drauf sein, keine Enttäuschung erkennen lassen!« Als in den folgenden vier Tagen lediglich zwei Mitarbeiter einen Gesprächstermin mit mir wahrnahmen – geladen waren pro Tag vier –, war es Zeit, sich Gedanken zu machen. Am nächsten Tag hatte ich wieder vier Mitarbeiter geladen, ich jedoch war nicht in meinem Büro. Meiner Sekretärin erklärte ich morgens, da ich wusste, dass kein wichtiger Termin anstand, dass ich Wichtiges erledigen müsse und dass ich nicht wisse, ob ich heute noch ins Büro zurückkomme. Als Erstes ging ich in die »Mariahilfer Kirche« im 6. Wiener Bezirk. Dort waren Frauen beim Kirchenputz und ich fand daher auch nicht die ersehnte Ruhe. Deshalb dachte ich, dass ich ja eigentlich genügend Zeit hätte und somit auch in den Stephansdom, der im Zentrum von Wien liegt, gehen könnte.

Als ich so durch die Straßen ging und die Menschen beobachtete, fiel mir auf, dass weit mehr als die Hälfte der Menschen, denen ich begegnete, voller Hast irgendein Ziel anstrebten. Die Umwelt nahmen sie kaum wahr, fast niemand lächelte. »Wie traurig und leer doch die Menschen in dieser Großstadt aussehen«, dachte ich bei mir. »Werden die Menschen zu Maschinen, ohne von innen her ein Licht auszustrahlen? Leben sie ohne Freude? Liegt es an der Tageszeit? An der Sonne kann es nicht liegen, denn diese scheint schon ziemlich stark, ohne von einer Wolke behindert zu sein. Es muss doch auch jetzt Menschen geben, denen man ansieht, dass sie sich freuen.« Um diese Überlegungen weiter zu verfolgen, machte ich mich auf die Suche nach Gesichtern, in denen ich Freude erkennen konnte. Und so traf ich hier doch auf einen älteren Herrn, der mit einem Geschenk in der Hand aus einem Buchladen kam und lächelte. Endlich standen auch gegenüber der Staatsoper zwei Frauen, die richtig lachten. In der Kärntner Straße angelangt, gab es schon mehr Gesichter, in denen man die Freude erblicken konnte. Da schlenderte auch ein Pärchen händchenhaltend durch die Straßen. Dem Aussehen nach waren diese Menschen überwiegend Besucher von Wien. Erleichtert überlegte ich mir, dass es um uns Menschen doch noch nicht so schlimm zu stehen scheint, wenn wir mit Freude auf ein Ziel zustreben.

Inzwischen war ich beim Stephansdom angelangt und meine Nöte im Beruf beherrschten wieder meine Gedanken. Vermutlich war mir mein Lächeln jetzt auch vergangen. Im Dom drängten sich schon die Besucher. Ich bog gleich nach dem Eingang nach rechts in die Anbetungskapelle ab.

Im Stephansdom gibt es die Möglichkeit zur eucharistischen Anbetung schon, solange ich denken kann. Wenn die Pforten des Domes geöffnet sind, gibt es die Möglichkeit, Jesus Christus als den menschgewordenen Gott in der Gestalt des Brotes anzubeten. In der Anbetungskapelle herrscht immer absolute Stille, Geräusche von außerhalb dringen nur ganz leise herein, wenn jemand die große und schwere Tür öffnet, um einzutreten oder die Kapelle zu verlassen.

Ich ging nach vorne zur ersten Bank, um keine Menschen zwischen Gott und mir zu haben. Dort kniete ich nieder, schloss die Augen, bis ich innerlich völlig ruhig wurde. Dann blickte ich auf zur Monstranz. Brennende Kerzen ließen die mit Edelsteinen geschmückte goldene Monstranz im Licht erstrahlen, in deren Zentrum Jesus ist, der für mich gestorben ist.

»Jesus, du bist mein Herr, du kennst all meine Nöte, meine privaten Schwierigkeiten, meine ziemlich lieblose, nur noch rein geschwisterliche Beziehung zu meiner Frau. Kannst du mir nicht die Sehnsucht nach einer Geborgenheit in der Liebe nehmen? Ich weiß, Jesus, du hast mich schon vor der Ehe gewarnt: ›Es wird eine Beziehung, die mit Dornen gekrönt ist.‹ Damals war es mein Stolz und ich dachte, aus Liebe zu dir werde ich diese Dornenkrone tragen, wenn nur diese so stark brennende Sehnsucht nach Liebe nicht wäre. Du könntest mich doch auch heimholen in das ewige Reich der Liebe. Wozu muss ich noch in dieser Welt ausharren? Jetzt bin ich nicht gekommen wegen meiner persönlichen Not, sondern wegen der Schwierigkeiten in meiner neuen Firma. Meine Mitarbeiter wirken auf mich wie ein Haufen Schafe, die verirrt herumlaufen und kaum bemerken, dass ich in ihrer Mitte existiere. Es hat doch sicherlich einen Sinn, dass ich diese Aufgabe bekommen habe. Ich soll gelassen sein? Da muss doch etwas geschehen. Ich verstehe schon, dass es wichtig ist, dass sich die Mitarbeiter, so wie sie sind, angenommen fühlen. Wie lange soll das so weitergehen: drei Monate, ein halbes Jahr? Das kann bei den völlig unterschiedlichen Menschen ja auch noch viel länger dauern, bis ein effizientes und erfreuliches Miteinander möglich wird.« Wie ein Film lief jede zurückliegende Stunde im Büro vor meinen Augen ab. »Herr, du weißt, ich habe keine Ahnung, wie ich mit den Mitarbeitern nach deinem Willen umgehen soll. In wenigen Minuten, um 12 Uhr, beginnt im Dom eine heilige Messe, da werde ich dir alles übergeben. Danke, Jesus, dass du mir zugehört hast, ich vertraue auf dein Wirken.«

Bei der heiligen Messe

Innerlich etwas beruhigt, nicht ganz verlassen zu sein, ging ich von der Anbetungskapelle in Richtung Hochaltar zur heiligen Messe. Beim Schuldbekenntnis hatte ich verstärkt das Gefühl, dass ich aus eigener Kraft vieles richtig machte. Ich konnte jedoch nicht erkennen, welches Handeln wirklich am besten für alle Beteiligten wäre, fühlte mich zumindest ein wenig ohnmächtig. Umso leichter fiel es mir zu Beginn der Eucharistiefeier, bei der Opferung, die ganze Situation meiner Aufgabe in der neuen Firma mit allen Beteiligten bildlich in das Opfer Christi hineinzulegen, meine Not in das Leiden Jesu Christi zu legen, im Vertrauen darauf, dass er mein Geschenk annehme, es mitnehme zu seiner Auferstehung. Jetzt blieb mir nur noch, Gott zu vertrauen: »Er wird mich so führen, wie es seinem Willen entspricht, und so wird es auch zum Segen für alle Betroffenen werden. Herr, schenke mir die Gnade, meinen Willen loszulassen, schenke mir den Mut und die Kraft, in mich hineinzuhören, um deine Führung zu spüren und deiner Führung zu folgen.«

Nach dem Gottesdienst gönnte ich mir noch eine Freude, indem ich zu einem ausgezeichneten Würstelstand am Kohlmarkt ging, eine Burenwurst mit süßem Kren und einer dicken Scheibe Brot bestellte, und dazu gehörte unbedingt auch noch ein Glas Bier. Als ich diese Wiener Wurstspezialität stehend beim Würstelstand verzehrte, kam mir der Gedanke, dass es gut wäre, wenn ich jetzt doch wieder in die Firma zurückgehen würde.

Harte, aber wichtige Worte

Ganz in der Nähe befand sich auch ein Taxi-Standplatz. Ich stieg in das Erste ein und fuhr in die Firma zurück. Als ich in mein Büro ging, kam meine Sekretärin Claudia ziemlich aufgeregt ins Zimmer und sagte: »Chef, ich hoffte seit einer Stunde, dass Sie bald kommen würden. Doris, die Datenbankspezialistin, ist um 13 Uhr pünktlich zum vereinbarten Termin gekommen und sitzt nun ziemlich sauer an ihrem Arbeitsplatz.« – »Claudia, bitte sagen Sie Doris, dass sie in zehn Minuten zu mir kommen soll.« Doris war laut der Personalakte eine der besten Experten für Datenbanken, die der Konzern weltweit überhaupt hatte. Daher war es mir auch sehr wichtig, sie endlich persönlich bei einem Gespräch kennenzulernen.

Die zehn Minuten waren noch nicht um, als die Bürotür aufging und eine wütende, etwas flippige und attraktive Frau auf mich zustürmte. Ich wollte ihr die Hand zur Begrüßung reichen, doch sie saß schon auf dem Stuhl vor meinem Schreibtisch und sagte ziemlich wütend: »Jetzt warte ich schon eine Stunde auf Sie. Glauben Sie wirklich, ich habe nichts anderes zu tun, als mit Ihnen unnütze Gespräche zu führen?« – »Na ja, immerhin bin ich Ihr Chef und habe ich nicht das Recht …«, weiter kam ich nicht, weil Doris losdonnerte: »Was heißt hier Chef? Ich brauche keinen Chef. Wenn ich wirklich etwas brauche, gehe ich zu jenem *Sager* in dieser Firma, der mir wirklich helfen kann. Im Übrigen ist mir bekannt, dass Sie von unseren Systemen überhaupt keine Ahnung haben und uns vermutlich lediglich die Zeit und den Sauerstoff stehlen.« Das war für mich eine wirklich starke Ansage. Wie sollte ich mich jetzt verhalten? Ich schaute Doris an. Solche Worte hätte ich ihr trotz ihrer mutigen und etwas verrückten Kleidung nicht zugetraut. Ich schwieg und wartete auf einen inneren Impuls. Dies schien Doris zu verunsichern und sie fügte in einem etwas ruhigeren Ton hinzu: »Es war bisher mit allen Chefs so. Keiner taugte etwas, aber alle fahren einen protzigen Firmenwagen und verdienen mehr als ich.« Eigentlich war mir nach dieser Aussage zum Lachen zumute. Ich unterdrückte es jedoch lieber und ging auf Doris zu und hielt ihr meine Hand hin. Jetzt ergriff sie diese Hand und ich sagte: »Ich freue mich sehr, Sie kennenzulernen, Frau Doris, mein Name ist Josef Atzmüller. Sie sind wirklich eine Spitzenkraft. In wenigen Minuten haben Sie mir mehr gesagt, als ich zu hoffen wagte. Danke, Sie können jetzt wieder Ihrer Arbeit nachgehen.« Mit diesen Worten sah ich kurz in ihr verblüfftes Gesicht und ging ins Vorzimmer zu meiner Sekretärin, um mit ihr die notwendige Arbeit abzustimmen. Gute drei Minuten später kam Doris aus meinem Zimmer, murmelte irgendetwas und verschwand in Richtung ihres Arbeitsplatzes.

Das entscheidende Meeting

Als ich Doris' Worte und ihr ganzes Auftreten am Abend zu Hause in Ruhe nochmals analysierte, wurde mir klar, unter welchen Voraussetzungen meine Leute bisher gearbeitet hatten: Sie waren schuld, wenn der Kunde unzufrieden war, weil irgendetwas zeitlich nicht so lief, wie es vom Kunden gewünscht und oft auch sehr leichtsinnig vom Vertrieb zugesagt wurde. Die Lorbeeren für den Erfolg ernteten jedoch die Vertriebsleute. Hier musste ich ansetzen. Meine Mitarbeiter brauchten Erfolgserlebnisse und Anerkennung seitens der Geschäftsleitung. Ich entwickelte daraus eine Vision und eine Strategie, um meine Mitarbeiter dafür zu gewinnen. Zu diesem Zweck hielt ich es für notwendig, ein Motivationsmeeting außerhalb der Firma abzuhalten. Dazu führte ich mit dem Personalchef Gespräche. Es war mühsam, denn bisher gab es so etwas nicht für Support-Leute, nur für den Vertrieb. Eine Weihnachtsfeier gab es für alle. Letztendlich fand er die Idee einen Versuch wert und verwies mich an den Controller, um auch von dort eine Zustimmung zu bekommen. Der meinte nur, dass es laut Vertrag meine Sache sei, wie ich mit meinem Budget umgehe. Claudia, meine Sekretärin, war total begeistert und arbeitete mit viel Engagement für unser Vorhaben, ohne dass die Mitarbeiter etwas davon erfuhren. Zwei Wochen vor dem Termin verteilte Claudia persönlich eine schriftliche Einladung an jeden Mitarbeiter mit den Worten: »Bitte, komm zu diesem Meeting, es wird für dich ganz wichtig sein.«

Der Termin war auf einen Freitag, ab 14 Uhr, angesetzt. Wir trafen uns in einer netten Hütte im Wienerwald. Die Schlusszeit war nicht festgelegt worden. Claudia hatte einen geheimnisvollen Titel gewählt: *Win or crash*, der alle neugierig machte, sodass sie pünktlich kamen, obwohl manche Mitarbeiter gewohnt waren, bereits am Freitag zur Mittagszeit ins Wochenende zu gehen, was durch die Gleitzeitregelung auch möglich war.

Nach einer kurzen Begrüßung, in der ich auch meine Freude darüber ausdrückte, dass alle Mitarbeiter gekommen waren, sagte ich: »Ich wünsche mir, dass jede und jeder von euch an einer Vision mit dem Titel *Number 1 in IT-Support* mitarbeitet.« Jetzt setzte ein stark negativ besetztes Gemurmel ein. Da stand Doris auf und sagte: »Leute, ich bin nicht gekommen, um zu kritisieren und zu blödeln, also versuchen wir, konstruktiv zu arbeiten.« Doris war im Team die unumstrittene Nummer eins. Jetzt verteilte ich vorbereitete Unterlagen, um notwendige Information zu erheben und im Hinblick auf die Vision zu analysieren. Letztendlich hatten wir eine Liste von 35 Punkten, die als Hindernis identifiziert wurden. Einige schienen leicht, andere kaum lösbar. Ich versprach, nach Lösungen zu suchen und mein Ergebnis in zwei Wochen im Büro zu präsentieren. Nach zweieinhalb Stunden Arbeit gab es zur Belohnung ein Glas Sekt und ein dreigängiges Menü, wobei es drei verschiedene Hauptgerichte zur Auswahl gab. Es war schön zu sehen, wie alle sich miteinander unterhielten. Jeder wollte diese Gemeinschaft auch nach dem Essen genießen. Die letzten Teilnehmer fuhren erst nach 21 Uhr nach Hause. Das Eis war gebrochen. Jetzt konnte ich an einer Strategie arbeiten, die die Mitarbeiter mit den notwendigen Regulativen zu einem Team zusammenschweißen konnte.

Das Regelwerk für den Erfolg

Es galt, viele Aspekte unter einem Hut zu bringen. Besonders wichtig war mir, dass die Mitarbeiter in mir nicht einen super IT-Fachmann sahen, sondern einen *Manager*, der die notwendigen Ressourcen beschaffte, damit jeder Fachexperte – dies waren alle Mitarbeiter – möglichst erfolgreich sein konnte. Damit sich dies erfolgversprechend entwickeln konnte, waren auch klare Regeln zwischen mir und den Mitarbeitern notwendig. Wie vereinbart, hatten wir zwei Wochen nach dem *Meeting* im Wienerwald eine weitere Zusammenkunft.

Dieses *Meeting* eröffnete ich mit den Worten: »Offenheit, Verlässlichkeit und Vertrauen sind das Fundament, auf dem unsere Vision Wirklichkeit werden kann. Zuerst möchte ich sagen, wer oder was ich nicht bin. Ich sehe meine Aufgabe nicht darin, fachlich besser zu sein als einer von euch, sondern darin, jene Ressourcen zu beschaffen, die euch dazu verhelfen, erfolgreich zu sein. Ich will euch auch keine Zeit mit wöchentlichen Kontrollen über den Projektstatus stehlen. Damit dies nicht notwendig ist, schenke ich euch mein Vertrauen. Ich vertraue jedem Einzelnen hier, dass er oder sie sofort zu mir kommt, wenn irgendein Problem auftaucht, welches das Projekt selbst oder den Termin gefährdet. Ich kann es nicht dulden, wenn ich von anderen Abteilungen, speziell vom Vertrieb, Klagen über einen Projektvorgang höre, über dessen Schwierigkeiten ich nicht vorher schon von euch informiert wurde. Sollte jemand von euch meine Forderungen nicht erfüllen wollen, dann können wir nicht zusammenarbeiten. Also überlegt euch in den nächsten dreißig Minuten, ob es für euch o. k. ist, wenn nicht, werde ich am Montag meine Kündigung einreichen.«

Es dauerte keine zwanzig Minuten, da kam Doris schon zu mir ins Büro und erklärte mir, dass alle einverstanden seien. Begeisterung kam im weiteren Verlauf des *Meetings* aufgrund der Neuerung auf, dass wir jetzt auch unsere Leistungen selbst an die Kunden verkaufen durften und eine Schulung dafür schon mit dem Personalchef abgestimmt war. Die Mitarbeiter begannen, selbst vieles neu zu organisieren, immer unter dem Aspekt: einfacher, sicherer und mehr Qualität. Jetzt fühlte ich, dass ich in dem Team angekommen war, dass es in Zukunft der Abteilung möglich sein würde, in der Bilanz schwarze Zahlen zu schreiben.

Mit dem Erfolg kamen die Neider

Schon bei der nächsten Bilanz neun Monate später, Ende April, hatten wir als einzige Support-Abteilung im ganzen Konzern einen Gewinn von knapp über 3 000 US-Dollar. Es war nicht riesig, aber immerhin eine schwarze Zahl. Ein anerkennendes Schreiben über diese Tatsache kam sogar vom *Chairman of the Board* an die Geschäftsleitung in Österreich. Ich konnte schon verstehen, dass meine Kollegen, *Support Manager* der anderen Geschäftszweige, nicht begeistert darüber waren, nun auch eine Budgetverantwortung übernehmen zu müssen. Sie sahen auf sich auch die Anforderung zukommen, ohne den selbstverständlichen Verlust in den Support-Bereichen zu arbeiten. Aber auch die Vertriebsmanager witterten plötzlich eine Konkurrenz im eigenen Haus. Ab jetzt wurden all meine Schritte argwöhnisch von den meisten Managern im Haus verfolgt. Die bisher freundliche, fast fröhliche Haltung mir gegenüber wurde etwas kühler. Dies bekam ich nicht nur in den wöchentlichen Abstimmungssitzungen der Führungskräfte zu spüren.

Ungeachtet dessen ging ich den Weg mit meinen Mitarbeitern weiter. Es war für mich eine große Freude, zu sehen, mit wie viel Engagement sie ihre Aufgaben bewältigten. Es machte mir auch Freude, sie auf ihrem Erfolgsweg unterstützen zu können. Die Führung auf der Grundlage des Vertrauens funktionierte wunderbar. So war es für mich nicht überraschend, dass wir im Folgejahr einen Gewinn von über 2,7 Millionen US-Dollar ausweisen konnten. Dieser Gewinn war für meine Kollegen eine Kampfansage, denn nach wie vor stand vor deren Zahl in der Bilanz, wie bisher üblich, ein fettes Minus. Nun war ich ganz klar das schwarze Schaf – eigenartigerweise für alle Manager unserer Firma in Österreich –, aber auch für manche in anderen Ländern. Die wildesten und auch lächerlichsten Gerüchte wurden über mich verbreitet, von gefälschten Zahlen bis zu mächtigen Persönlichkeiten, die mich unterstützten. Diese Gerüchte waren alle unwahr. Da man keine sachlichen Fehler in meiner Abteilung entdecken konnte, wurde gefordert, dass meine Budgetfreiheit eingeschränkt werden sollte, da sie ein Risiko für das Unternehmen darstellen würde. Und es wurde kolportiert, dass mein Führungsstil unmöglich sei, dass ich zwar lieb und nett sei, jedoch keinen einzigen Mitarbeiter abgemahnt oder gekündigt habe. Meine Support-Kollegen versuchten, meine Mitarbeiter abzuwerben, natürlich ohne mein Wissen. Jetzt war endgültig klar, dass Krieg herrschte.

Auf meine Fragen im Gebet, warum dies geschah und was ich tun sollte, bekam ich keine Antwort. Mir blieb nur das Gottvertrauen: So wie es kommen würde, sollte es wohl auch sein. Nur eines wollte ich keinesfalls zulassen, dass meine Leute in diesen Krieg mit hineingezogen würden. Vorher würde ich das Unternehmen verlassen. Eine neue Strategie der Gegner schien fast erfolgreich zu sein: Sie forderten an oberster Stelle, das Know-how meiner Abteilung, das sie für ihre Arbeit unbedingt brauchten, zu bekommen. Mit viel Mühe und Arbeit konnte ich jedoch immer wieder argumentieren, warum ich auf keinen Mitarbeiter verzichten konnte. Eigentlich wurde ich dadurch gezwungen, weitere Mitarbeiter für mein Team anzufordern, was den Kollegen wieder weniger gefiel.

Als bekannt wurde, dass der Posten des ersten Mannes möglicherweise in ein bis zwei Jahren neu besetzt würde, verschlechterte sich die Atmosphäre sehr. Das gegenseitige Misstrauen konnte man ständig fühlen. Als ich in einer Sitzung erklärte, an diesem Job kein Interesse zu haben, war ich nicht mehr im Zentrum der Anfeindungen, aber richtig glauben wollte man mir dies auch nicht. Eines Tages kam der Personalchef zu mir und schlug vor: »Können Sie in Ihrer Abteilung nicht absichtlich einen kleinen Verlust machen? Das würde dem Klima in unserem Unternehmen sicherlich guttun.« Meine Verblüffung war so groß, dass ich keine andere Antwort geben konnte als: »Ich werde darüber nachdenken.« Vermutlich hatte der Personalchef sogar recht. Sollte ich mich mit dem *Controller* abstimmen und Verlustposten von anderen Support-Abteilungen übernehmen? Das müsste ich doch mit meinen Mitarbeitern besprechen, denn sie erarbeiteten schließlich den Gewinn und bekamen eine Erfolgsprämie, gekoppelt an den Gewinn.

All diese Fragen konnte nur Gott beantworten. Immer, wenn ich mich hilflos fühlte, brauchte ich Stille: die Nähe Gottes im Kopf und im Herzen. Fast zwei Monate lang rang ich darum, eine Antwort zu finden, zu fühlen, geschenkt zu bekommen. Nach einem Kirchenbesuch, bei dem ich wieder hoffte, eine Antwort zu finden, traf ich vor der Karlskirche einen längst vergessenen Bekannten aus meiner Militärzeit, August. Die Freude war groß, denn die Begegnung in Wien war absolut überraschend. August war inzwischen Priester geworden und an seinem freien Tag mit der Bahn von Salzburg nach Wien gefahren. Schon beim Militär hatte August von seinem Wunsch gesprochen, Theologie zu studieren, um vielleicht sogar Priester zu werden. Jetzt stand er als Priester vor mir und strahlte: »Hey, Josef, wenn das keine Fügung Gottes ist«, waren seine ersten Worte. »Lieber August, das kannst du laut sagen, dich schickt der Himmel.« Als August mir erklärte, dass er am Abend unbedingt wieder nach Salzburg zurückkehren musste, rief ich meine Sekretärin an und teilte ihr mit: »Heute nehme ich mir aus wichtigen Gründen einen Urlaubstag.«

Nach dem gemeinsamen Mittagessen fuhren wir zum Schloss Schönbrunn, um bei einem Spaziergang zur *Gloriette* die Sonne zu genießen. Oben angekommen, setzten wir uns auf die Terrasse und bestellten je eine große Kanne Wiener Kaffee und ein Stück Himbeertorte. Als wir das wunderbare Schloss anblickten und bewunderten, fragte August: »Josef, als wir uns am Karlsplatz begegneten, hast du gesagt, dass mich der Himmel schicke. Hast du Sorgen, kann ich dir helfen?«

»Kann ich dir helfen?«, diese Frage wiederholte ich in meinen Gedanken. Wie viele Jahre vermisste ich diese Frage von meiner Frau? Diese Einsamkeit in der Ehe … »Hallo, Josef, hast du mir zugehört, kann ich dir helfen?«, mit diesen Worten holte mich August in die Gegenwart zurück. »August, Sorgen habe ich einige, aber von einer möchte ich dir gern erzählen.« – »Komm, rede einfach drauflos«, forderte mich August auf. Jetzt wirkte er wie ein Priester auf mich. So erzählte ich ihm von meiner kniffligen Situation in der Firma und ergänzte: »Seit Wochen bitte ich Gott um ein Zeichen, was ich tun soll, jedoch bekam ich bis jetzt keines.« – »Als ich vor der Entscheidung stand, ob ich Priester werden sollte oder nicht, ging es mir genauso wie dir jetzt. Ich bekam keine Antwort von Gott. Da half mir ein Ordensmann, ein Franziskaner. Dieser sagte zu mir, dass Gott nicht will, dass ich wie irgendein bestimmter Heiliger werde, sondern dass Gott will, dass ich August bleibe und dass ich dazu auf die Welt gekommen sei.« – »August, meinst du damit, ich soll nicht so viel nachdenken, welche Entscheidung richtig ist, sondern einfach tun, was ich in meinem Herzen für richtig halte?« – »Josef, du überraschst mich, ich habe nicht geglaubt, dass du mich so schnell verstehst«, sagte August scherzend und lachend. Jetzt konnte auch ich von Herzen lachen und zu ihm sagen: »August, ich hab's gewusst, dich hat der Himmel geschickt.«

Eine Entscheidung mit überraschenden Folgen

Die unerwartete Begegnung mit August eröffnete mir eine Perspektive, mit der ich gut umgehen konnte, aber sie machte mich auch nachdenklich. Warum hatte August es geschafft, Priester zu werden? Sollte ich nicht auch noch Priester werden? Meinem Herzen gefiel dieser Gedanke, aber mein Verstand sagte mir, dass dies als verheirateter Mann mit wunderbaren Kindern nicht möglich und deshalb Unsinn war. Jedenfalls hatte August in mir bewirkt, dass ich, wenn möglich, auch wieder werktags einen Gottesdienst besuchte.

Mein Verstand sagte mir auch, dass ich gar nicht mit Sicherheit feststellen könnte, welche Entscheidung wirklich die beste wäre, denn menschlich betrachtet würde jede Entscheidung ein Verlust sein. Umso leichter fiel es mir, eine Entscheidung in mir entwickeln und heranreifen zu lassen.

Diesen Kampf »Hirn gegen Herz« gewann das Herz. »Gott lebt in mir, also bekomme ich die richtige Entscheidung auch von meinem Innersten. So bleibe ich auch mir treu und dies ist wesentlich, auch wenn ich dafür einen Preis zu bezahlen habe«, davon war ich überzeugt. In den darauffolgenden Tagen wurde immer klarer, dass ich so weitermachen sollte, indem ich der Wahrheit treu blieb, ohne anzufangen zu manipulieren. Eine große Erleichterung wurde durch diese Entscheidung spürbar, unabhängig von den Konsequenzen, die auf mich zukommen würden.

Das Betriebsergebnis wurde noch einmal um zwölf Prozent gegenüber dem Vorjahr gesteigert. Dass ich im Management nicht mehr viele Freunde hatte, war mir klar. Mit diesem Bewusstsein ging ich in die nächste Abstimmungssitzung und erwartete eine harte Auseinandersetzung. Nachdem in der Sitzung eine Reihe von Punkten abgearbeitet war, wurde zuletzt der Punkt *Bilanz-Statement* des Konzerns behandelt. Ich dachte bei mir: »So, jetzt ist es so weit, die ›Wölfe‹ werden gleich über dich herfallen.« Doch der Geschäftsleiter berichtete: »Die Konzernleitung gratuliert uns für das mutige Experiment im *Support der Division Finance*. Das jetzt mehrmals bestätigte Erfolgsergebnis führt dazu, dass dieses Erfolgsmodell in allen Support-Bereichen des Konzerns umgesetzt werden soll. Ergänzen will ich zu dieser erfreulichen Mitteilung noch, dass der *Controller* in die USA reisen wird, um die Umsetzung des Modells im gesamten Konzern zu begleiten.« Die Sitzung war damit beendet. Ich wurde mit keinem Wort erwähnt und keiner der Kollegen sagte ein Wort zu mir. Irgendwie hatte ich ein komisches Gefühl.

Auf dem Gang vor dem Sitzungsraum kam der Personalchef freundlich lächelnd auf mich zu und sagte: »Herr Atzmüller, ich habe mit Ihnen etwas zu besprechen. Bitte kommen Sie am Freitag um 12 Uhr in mein Büro. Ich wünsche Ihnen eine gute und erfolgreiche Woche.« Irgendwie war diese Situation merkwürdig. Bei der Sitzung wurde ich weder erwähnt noch angesprochen und jetzt wollte mich der Personalchef sprechen. Doch am Freitag sollte ich Näheres erfahren.

Als ich in meiner Abteilung von der Neuerung für den ganzen Konzern, was den Support-Bereich betraf, berichtete, freuten sich alle sehr und meinten, es sei doch mein Verdienst und ich müsse dafür auch belohnt werden. Am Freitag um 12 Uhr ging ich ins Büro des Personalchefs, der mich sehr freundlich begrüßte. Die Sekretärin brachte mir schon einen Kaffee, obwohl ich nicht darum gebeten hatte. »Sie haben im Konzern ja einen ziemlich großen Eindruck mit Ihrer Leistung gemacht. Ich gratuliere Ihnen.« Dabei gab mir der Personalchef die Hand und schüttelte sie. Anschließend nahm er am Besprechungstisch Platz und lud mich ein, mich ebenfalls zu setzen. Nun folgte ein *Smalltalk* über den Erfolg und über mein Befinden.

»Nun sollten wir zu unserer Arbeit übergehen«, mit diesen Worten erhob sich der Personalchef, ging zu seinem Schreibtisch und ich folgte ihm. Auf dem Schreibtisch lagen einige Prospekte, die er mir mit folgenden Worten übergab: »Erfolg wird natürlich auch belohnt. Hier sind Unterlagen von Autos, Audi oder BMW. Sehen Sie sich die Modelle an und geben Sie meiner Sekretärin am Montag Bescheid, für welches Auto Sie sich entschieden haben. Sie wird umgehend das gewünschte Auto bestellen. Darüber hinaus haben wir beschlossen, Ihnen eine für uns sehr wichtige Aufgabe anzuvertrauen, die selbstverständlich auch mit einer finanziellen Verbesserung ausgestattet ist.« Mit diesen Worten überreichte er mir ein Schreiben. Als ich zu lesen begann, traute ich meinen Augen nicht. Darin stand, dass ich per 1. Juni die Aufgabe als *Sales Manager* für Geldinstitute übernehmen und zunächst im Außendienst eingesetzt werden sollte. »Das muss ein Irrtum sein, ich bin kein Verkäufer und habe mich niemals um einen derartigen Job beworben. Das mache ich nicht!« Mit diesen Worten gab ich dem Personalchef das Schreiben zurück. »Herr Atzmüller, es gibt keinen Grund zur Aufregung. Alles hat seine Ordnung. Sehen Sie, hier in Ihrem Vertrag

118

steht eindeutig, dass das Unternehmen das Recht hat, Sie so einzusetzen, wie es Ihren Fähigkeiten entspricht und wie diese vom Unternehmen auch benötigt werden.« Mit dem Finger zeigte er auf den entsprechenden Passus und sagte: »Sie sind ein ausgezeichneter Verkäufer. Dies haben Sie mit Ihrem Erfolg hinlänglich bewiesen und wir brauchen dringend einen Mann wie Sie bei den Geldinstituten.« Dies war aus meiner Sicht ein starkes Stück. Bevor ich in der Lage war, etwas zu erwidern, sagte der Personalchef: »Natürlich haben Sie die Alternative, zu kündigen, und seien Sie nicht überrascht, wenn Sie morgen, am Samstag, eine Anzeige als Stellengesuch für einen *Support Manager* in der Zeitung lesen.«

Jetzt war ich ziemlich wütend. Die Luft blieb mir weg. Wortlos nahm ich die Papiere und ging, ohne irgendetwas zu sagen, in mein Büro. Die anwesenden Mitarbeiter sahen mich erwartungsvoll an, denn sie wollten wissen, was der Personalchef mir wohl gesagt hatte. »Schönes Wochenende, bis Montag.« Das war alles, was ich sagen konnte, ohne meinem Ärger und meiner Wut Luft zu machen. Ich nahm meinen Regenschutz und meine Aktentasche, ließ meine verblüfften Mitarbeiter stehen und verließ das Büro.

»So, wie es ist, ist es gut«

Es wären keine schönen Worte über meine Lippen gekommen. Die Situation war erdrückend. Deshalb machte ich mich zu Fuß auf den Weg nach Hause. Es waren ungefähr drei Kilometer vom Büro bis zur Wohnung. Niemand war zu Hause. Das war auch besser so, denn von meinen Problemen wollte man schon lange nichts mehr wissen. Nun ging ich um die Straßenecke in eine kleine Kneipe. Da mein Magen schon knurrte, bestellte ich Kaiserschmarrn und Apfelsaft und nahm eine Tageszeitung vom Wandhaken. Darin wollte ich lesen, um mich von dem Erlebten abzulenken. Es ging nicht. Erst jetzt blickte ich im Lokal umher, auf der Suche nach einem bekannten Gesicht, denn jetzt würde mir eine Unterhaltung guttun, aber da war niemand, den ich kannte, und einen Fremden wollte ich auch nicht ansprechen. Den Kaiserschmarrn aß ich irgendwie automatisch, ohne ihn ganz aufzuessen, vom Apfelsaft trank ich vielleicht zwei- oder dreimal und dann bezahlte ich und ging wieder nach Hause.

Dort angekommen, zog ich mich in mein Zimmer zurück, nahm die Bibel zur Hand, in der Hoffnung, dass Gott durch diese zu mir sprechen würde, denn zum Hinhören, was Gott in meinem Inneren zu mir vielleicht sagen wollte, war ich jetzt nicht in der Lage. Mit den Worten: »Herr, du kennst meine Lage. Erfülle mich mit deinem Geist und schenke mir ein Wort für meine Situation«, öffnete ich die Heilige Schrift, und zwar in der zweiten Hälfte des Buches. Ich wollte ein Wort von Jesus lesen, zeigte mit dem Finger auf eine Stelle, und las: »Freue dich im Herrn zu jeder Zeit, noch einmal sage ich: freue dich.« Etwas verärgert über diese Schriftstelle fragte ich mich, worüber ich mich freuen sollte, denn nichts, aber schon gar nichts lief so, wie ich es gerne gehabt hätte, wie es auch sein sollte, weder beruflich noch privat. Meine eheliche Beziehung, wenn es überhaupt noch eine war, war total verfahren. Wir redeten ständig aneinander vorbei. Alle Versuche zu einem Mit- und Füreinander scheiterten und ich wusste nicht, warum. Worüber sollte ich mich da freuen können? »Herr, bitte sage oder zeige mir, was ich tun soll.«

Ein Blick auf die Uhr zeigte mir, dass es schon 17.35 Uhr war, somit Zeit, mich anzuziehen und in die Kirche

120

zu gehen. Um 18 Uhr begann die heilige Messe in meiner Pfarrkirche. Bei der Opferung gab ich dem Herrn meine Situation und mich selbst ganz hin. Nur auf Gott konnte ich vertrauen, sonst auf nichts. Mein ganzes Denken und Überlegen machte die Probleme nur noch größer. Müde und noch immer etwas traurig verließ ich die Kirche nach dem Segen.

Da lief mir Pater Josef, ein lieber Mann vom Orden der Eucharistiner, über den Weg, schaute mich kurz an und sagte: »Josef, so, wie es ist, ist es gut.« Ohne ein weiteres Wort zu sagen oder eine Reaktion von mir abzuwarten, ging er weiter. Ich dachte bei mir: »Pater Josef ist ja ganz lieb, irgendwie mag ich ihn sogar, aber dieser Spruch ist doch verrückt. Seit über zwei Jahren höre ich diesen bei jeder Gelegenheit von ihm.« Zu Hause angekommen – es war immer noch niemand zu Hause –, machte ich meine Abendtoilette und ging zu Bett. Seit drei Jahren hatten wir getrennte Schlafzimmer, was den Vorteil hatte, dass ich abends im Bett den vergangenen Tag in Ruhe betrachten und meditieren konnte.

Ein Teil meines Abendgebetes besteht darin, dass ich den zurückliegenden Tag betrachte und alles zurück in Gottes Hände lege, mit dem Vertrauen, dass in seinen Händen alles gut wird.

So überlegte ich: »Hat vielleicht Pater Josef doch recht? Wenn ich Gott alles übergebe, er alles gutmacht, ist es dann nicht auch schon gut? Und wenn alles gut ist, habe ich da nicht jeden Grund, mich im Herrn zu freuen? Jesus hat in seinen Schmerzen auch nicht die Liebe zum Vater vergessen. War nicht seine Freude über das Geschenk für uns Menschen und für den Vater viel größer als der Schmerz seiner erlittenen Qualen? Im Herrn sich zu freuen, fühlt sich sehr gut an. Er macht alles gut. Selbst eine

Sünde verwendet er zu etwas Gutem. In Gottes Händen kann nichts Böses bestehen bleiben. Mist wird zum kostbaren Dünger«, war ein letzter Gedanke, der mir wunderbar gefiel. Mit diesem schlief ich ruhig ein.

Müssen wir leiden?

Am nächsten Morgen erwachte ich gut gelaunt, von Leiden keine Spur mehr. Gegenüber gestern hatte sich überhaupt nichts an meiner Situation geändert, aber warum hatte ich gestern wegen der beruflichen Veränderung so sehr gelitten und heute litt ich nicht mehr? Worin bestand der Unterschied zwischen gestern und heute? Gestern wollte ich die neue Aufgabe des *Sales Managers* nicht akzeptieren und schon gar nicht die Stelle des *Support Managers* verlieren. Heute schmerzte mich nach wie vor der Gedanke daran, vor allem schmerzte es mich, meine Mitarbeiter loslassen zu müssen, aber ich litt nicht mehr. Gott schenkte mir eine neue Aufgabe, die bisherige war offenbar erfüllt. Darüber konnte ich mich sogar trotz des Schmerzes freuen. »Was ist überhaupt Leid, wie kommt es zustande?«, fragte ich mich. Bisher dachte ich, Schmerz und Leid seien dasselbe, offenbar jedoch nicht. »Wenn mir etwas weggenommen wird, leide ich. Wenn ich etwas bekomme, was ich nicht will, leide ich. Entscheide ich gar in meinem Kopf, ob ich leide oder nicht? Ist es gar mein Stolz, dass ich alles bestimmen will, der mich drängt oder gar zwingt, mich für das Leiden zu entscheiden? Es kann gar nicht anders sein, ansonsten müsste ich auch jetzt leiden, obwohl ich die Veränderung akzeptiere. Wir entscheiden also, ob wir wegen eines Schmerzes leiden oder nicht. Pater Josef hatte recht: Wie es ist, ist es gut, weil ich so zwar immer noch einen Schmerz empfinden kann, aber deswegen nicht auch noch leiden muss. Es ist der Weg, sich im Herrn jederzeit auch wirklich freuen zu können. Solange wir wegen eines Schmerzes auch leiden, ist dies unmöglich. Es ist notwendig, zum Leben Ja zu sagen. Leben bedeutet oft auch Veränderung und nicht Stillstand.« Mit dieser vom Herrn geschenkten Erkenntnis ging ich voller Freude und Lebenskraft in den Tag hinein. Auch hier erfüllte sich das Wort Jesu, als er sagte: »Die Last ist leicht.«

Freude zu verbreiten gibt Lebenskraft

Am Montag ging ich schon sehr früh in die Firma. Nach wie vor war ich gut gelaunt und sah mir dann auch die Prospekte von Audi und BMW an. Der BMW 520i gefiel mir ganz gut, da er auch schön sportlich aussah, aber letztendlich entschied ich mich doch für den Audi 100 Komfort, weil es sicherlich für die Familie die bessere Entscheidung war.

Auf dem Weg zur montägigen Manager-Sitzung ging ich zuerst zur Sekretärin des Personalchefs und gab ihr meinen Autowunsch bekannt. Als ich im Sitzungssaal ankam, erblickte ich viele Gesichter, die mich gespannt ansahen. Ich dachte bei mir: »Aha, sie haben im Wirtschaftsblatt die Anzeige wegen meines Nachfolgers gelesen. Nur nichts anmerken lassen.« Ich musste mich doch ziemlich beherrschen, denn die komischen Gesichter reizten mich doch sehr.

Nach dieser Sitzung sprach mich wieder der Personalchef mit einer fast mitleidvollen Stimme an: »Herr Atzmüller, wie geht es Ihnen heute?« Ich antwortete: »Wissen

Sie, ich habe mich für die Freude entschieden.« Dabei lächelte ich und ging, ohne seine Reaktion abzuwarten, in Richtung meines Büros. Unterwegs dachte ich darüber nach, dass die Einstellung, sich für die Freude zu entscheiden, mich mit Elan und Lebenskraft erfüllte. Meine Sekretärin erwartete mich schon mit einem neugierigen Blick. Ich sagte zu ihr, dass alles in Ordnung sei, und ich mir wünschte, heute Abend im Büro mit allen Mitarbeitern ein Glas Sekt zu trinken. Sie möge alles Notwendige organisieren. Mittags teilte mir die Sekretärin mit, dass ein Termin, bei dem alle anwesend sein könnten, erst um 19 Uhr möglich wäre, da die meisten bei Kunden im Einsatz seien. »Für mich ist das in Ordnung und besorgen Sie bitte auch andere Getränke, belegte Brötchen und kleine Snacks zum Knabbern«, antwortete ich ihr.

Tatsächlich waren alle Mitarbeiter um 19 Uhr im Büro. Als der Sekt eingeschenkt war und jeder ein Glas Sekt in der Hand hielt, begann ich eine kurze Ansprache: »Es erfüllt mich mit großer Freude, dass ihr alle noch so spät am Abend ins Büro gekommen seid. Für mich ist dies ein starkes Zeichen, wie gut unsere Zusammenarbeit und das Betriebsklima in unserer Abteilung ist. Wie die meisten von euch sicherlich schon wissen, bekommt ihr einen neuen Chef. Es sieht so aus, als hätte Gott für mich eine neue Aufgabe vorgesehen. Als ich zu euch kam, habt ihr es mir nicht ganz leicht gemacht. Klar, ihr konntet ja auch nicht wissen, wie ich als Chef sein würde. Dieses Wochenende habe ich jedoch eine ganz kostbare Erkenntnis gewonnen, die ich euch einfach weitergeben möchte.« Und so erzählte ich von meinem Weg vom Leiden zur Freude und endete mit dem Satz: »Ich bitte euch, lasst uns einander in dieser letzten gemeinsamen Zeit mit Freude beschenken. Dann werden wir vielleicht hin und wieder schmerzvoll, aber nicht traurig oder gar leidvoll, an unsere gemeinsame, wunderbare und erfolgreiche Zeit zurückdenken. Jetzt habe ich wieder, wie üblich, viel zu viel gesprochen. Also stoßen wir auf unsere freudvolle Zeit an, Prost!«

Zeit für Veränderung

Der Abend mit all meinen Mitarbeitern war sehr positiv und für alle sehr anregend verlaufen. Für mich war es einfach eine wunderbare, liebevolle Gemeinschaft. So war es auch nicht verwunderlich, dass ein Teil der Mitarbeiter erst um Mitternacht das Haus verließ.

Der tatsächliche Wechsel in den Bereich des Vertriebs war dann aber doch auch schmerzlich. Die folgenden zwei Jahre waren geprägt durch eine zu verkraftende Fusion zweier Computerkonzerne, viele Veränderungen, viele Verunsicherungen. Es wurde immer schwieriger, der Freude im Herzen zum Durchbruch zu verhelfen. In dieser Situation bekam ich ein sehr verlockendes Angebot von einer der größten Unternehmensberatungsgesellschaften weltweit. Die Position des *Technical Managers* war eine Position in der Geschäftsleitung mit Prokura. Die Verantwortlichkeit umfasste die Abwicklung sämtlicher Projekte, die Ausbildung von *Projektmanagern* und das Konfliktmanagement.

Während meiner Zeit bei dem Consulting-Unternehmen durfte ich zwei für mich wesentliche und wertvolle Erfahrungen machen.

Zeit ist flexibel

Schon zu der Zeit als *Support Manager* bei meinem früheren Arbeitgeber war mir immer bewusst, wie wertvoll die Ressource Zeit ist. Jedes Projekt unterlag für den praktischen Einsatz einem bestimmten Datum, zu dem die Lösung zuwege gebracht werden musste. Auf dieses Datum ausgerichtet, wurde der Projektplan erstellt und der Fortschritt des Projektes auch kontrolliert. Alle mit dem Projekt involvierten Personen, egal ob auf der Seite des Auftraggebers oder auf der des Auftragnehmers, waren auf dieses Datum fixiert und versuchten, eventuell notwendige Änderungen in der Ressourcenplanung vorzunehmen. Diese grundsätzliche Art der Projektgestaltung war für mich auch in dem neuen Unternehmen eine fixe Regel.

Die Art und Größe eines sehr komplexen Projektes, für das ich verantwortlich war, machte es notwendig, dass ungefähr die Hälfte der notwendigen *Manpower* vom Auftraggeber, die andere Hälfte vom Auftragnehmer, also von der Consulting-Gesellschaft, bereitzustellen war. Schon in der Ausschreibungsphase wurde ein detaillierter Projektplan erstellt und entsprechend wurden auch die Kosten ermittelt. Bei der Abwicklung wurde eine Fortschrittskontrolle installiert. Fast wöchentlich bekam ich die Information vom *Projektmanager*, dass sich Änderungen im Projektplan ergeben hatten, der Termin jedoch nicht gefährdet sei. Ich selbst überprüfte die Änderungen, ob dadurch hinsichtlich der Aufwendungen und somit auch der Kosten Korrekturen notwendig werden würden. Als gut zwanzig Prozent der geplanten *Manpower* von den geschätzten 120 Mannjahren (der Begriff »Mannjahr« ist die Arbeitsmenge, die eine Person durchschnittlich während eines Jahres arbeitet, Anm. d. Verl.) verbraucht waren, wurde ich skeptisch, was den termin- und aufwandgerechten Projekterfolg betraf. Jetzt forderte ich eine externe Projektüberprüfung aus dem Konzern an, mit dem Ergebnis, dass strukturelle Veränderungen im Projekt notwendig seien, jedoch ein Projekterfolg nach wie vor realistisch sei. Die vorgeschlagenen Änderungen wurden auch umgesetzt, dennoch verblieben in mir Skepsis und Unsicherheit. Nach anfänglichen Erfolgsmeldungen wurden wieder häufiger Änderungen des Projektplanes notwendig. Der zuständige *Projektmanager* wirkte auch nicht mehr so souverän und sicher, was den Termin betraf. Da läuteten bei mir die Alarmglocken, denn immerhin waren fast fünfzig Prozent der kalkulierten *Manpower* verbraucht. Das von mir dann beauftragte und von Externen durchgeführte Audit war katastrophal. Selbst wenn in den Projektanforderungen keine Änderungen mehr notwendig werden würden, war das Projektziel nicht mehr zu erreichen.

Einige Tage rang ich mit der Frage, um wie viele Mannjahre das Projekt länger dauern müsste und ob eine neuerliche Kalkulation überhaupt standhalten würde? Im Vertrag war eine Strafpauschale für jeden Tag, um den das vorgegebene Datum überschritten wurde, festgelegt. Nun verbrachte ich viel Zeit im Gebet und in der Kirche, um eine bestmögliche Lösung zu finden.

Ich war schon am Verzweifeln und betete: »Herr, ich weiß nicht mehr, was ich tun soll. Ich vertraue dir, dass du mich auch jetzt nicht im Stich lässt.« Da erinnerte ich mich an meine Erfahrungen im Jenseits und folgende Gedanken beschäftigten mich: »Im Jenseits habe ich erlebt, dass es keine Zeit gibt, dass alles nur Gegenwart ist. Somit spielt auch ein Zeitaufwand keine besondere Rolle. – Unsinn, ich lebe nicht in der Ewigkeit, sondern hier, wo alles an die vergängliche Zeit gebunden ist. Was aber wäre, wenn ich einen völlig neuen Projektplan erstellte?«

Tag und Nacht arbeitete ich an einem neuen Projektplan mit dem gleichen Projektziel, jedoch mit nur sechzig Mannjahren Aufwand. Als ich den neuen Projektplan mit dem bestehenden Projektplan verglich, war klar, dass ich, wenn ich diesen umsetzen wollte, alles außer dem Pflichtenheft vernichten konnte. Es war für den neuen Projektplan nicht zu gebrauchen, da vor allem die bestehenden Datenbanken viel zu komplex geworden waren.

Es gelang mir, den Auftraggeber zu überzeugen, dass die Erfolgschancen bei einer völligen Neuaufzusetzung des Projekts mindestens ebenso groß, wenn nicht sogar höher wären. Somit kam eine gänzlich neue Projektstruktur zum Einsatz, die auch starke Veränderungen in der Kommunikation zwischen den Expertenteams, aber auch in der personellen Besetzung zur Folge hatte. Jetzt war auch meine Fähigkeit, die Mitarbeiter regelmäßig zu motivieren, gefragt. Ehrlicherweise muss ich gestehen, dass ich auch selbst über den Erfolg des Projektes völlig überrascht war: Der Termin wurde eingehalten, der Projektaufwand nur um wenige Mannwochen überzogen.

Sind wir Menschen tatsächlich so sehr auf einen gesetzten Termin fixiert, egal, ob wir sehr knapp oder großzügig kalkulieren, dass die Zeit bis zum Termin immer verbraucht wird? Oder ist Zeit vielleicht gar keine fixe Größe? Eine Stunde kann sehr lange dauern, aber auch unglaublich rasch vorbei sein. Je mehr Zeit man hat, umso mehr Zeit braucht man für ein und dieselbe Arbeit.

Konfliktmanagement ist auch Qualitätsmanagement

Der überwiegende Anteil meiner Motivationsarbeit in diesem Projekt war Konfliktmanagement, da viel Zeit und Energie verloren geht, wenn bei Differenzen der oder die Schuldige gesucht wird. Meine Regeln des Konfliktmanagements waren völlig unabhängig von der Art des Arbeitsbereiches oder Aufgabengebietes, egal ob es sich um Dokumentation, Programmierung, Anforderungen usw. handelte. Es waren also generell anwendbare Regeln für alle beim Auftraggeber bzw. Auftragnehmer Betroffenen wie Entwickler, zukünftige Anwender oder Entscheidungskräfte. Das Ziel des *Konfliktmanagers* war es, in einem *Meeting* innerhalb von maximal zwei Stunden eine abgestimmte Lösung mit allen Beteiligten zu definieren und auch eine klare Aufgabenverteilung zur Umsetzung zu treffen. Dies wird dann erreicht, wenn es dem *Konfliktmanager* gelingt, die meistens vorhandenen negativen Kräfte in konstruktive, lösungsorientierte Energie bei allen Beteiligten zu verwandeln. Dazu sind durchaus auch psychologisch orientierte Hilfsmittel zulässig.

Für mich war es immer wieder ein erbauendes Gefühl, wenn alle an einem derartigen *Meeting* Beteiligten optimistisch und mit noch mehr Elan den Erfolg anstrebten. Es entstand dabei kein Flickwerk für Lösungen, sondern die Beteiligten wurden motiviert, die bestmögliche Lösung trotz Termindrucks anzustreben. Am leichtesten gelingt dem *Konfliktmanager* ein durchschlagender Erfolg, wenn er weder die betreffenden Personen noch die Projektdetails kennt.

Dies war eine wunderbare Aufgabe, die ich auch sehr gern ausübte. Viel weniger Freude hatte ich an der allgemeinen Entwicklung der *Manager-Ausbildung*. Der methodische Grundsatz von Machiavelli: »Um ein Ziel zu erreichen, ist jede Methode, unabhängig von moralischen oder ethischen Kriterien, erlaubt«, war bis Ende der 80er-Jahre total verpönt. Ebenso galt Lobbying als besonders anrüchig. Nun aber wurde diese Methode mehr und mehr salonfähig, ja geschult und gezielt eingesetzt. Ob Niccolò Machiavelli (1469–1527) diesen Grundsatz nur für die Aufrechterhaltung der politischen Macht anwandte, ist umstritten.

Für mich sind derartige Methoden für Manager, speziell bei der Manager-Schulung, absolut inakzeptabel. Wenn sie dafür eingesetzt werden sollen, dass diese selbst ein Mobbing herbeiführen können, um dadurch die Mitarbeiteranzahl zu reduzieren, ist dies ein absolutes Armutszeugnis für Führungskräfte. Derartige Methoden sind gegen ein sinnvolles Konfliktmanagement und auch gegen ein Qualitätsmanagement gerichtet. Trotzdem werden sie heute gelehrt und eingesetzt. Dies war für mich ein Grund, aus dem Konzern auszusteigen und keine Managementfunktion unter diesen Bedingungen mehr anzustreben.

Christliche Werte verlieren leider immer mehr an Bedeutung und scheinen oft ein Hindernis für gierige Ziele und Machtspiele zu sein, die man mithilfe des *Controllings* immer öfter ganz gezielt verfolgt.

Ein neuer Lebensabschnitt beginnt

Ab diesem Zeitpunkt verdiente ich mein tägliches Brot überwiegend als selbstständiger *Freelancer* mit all den damit verbundenen wirtschaftlichen Risiken. Es war eine gewaltige Umstellung, von einer festen Anstellung in die Selbstständigkeit zu wechseln. Aber auch die Fragen, warum ich immer noch bzw. wofür ich eigentlich in dieser Welt lebe, drängten sich noch immer und immer öfter auf. Meine Beziehung zu Gott und meine Erfahrungen mit Gott wurden so immer wichtiger. Einerseits gelang es mir, wirklich sehr interessante Aufträge zu erhalten – die Reorganisation von ganzen Geschäftsfeldern wie Wertpapier- oder Kreditabteilungen in Geldinstituten –, andererseits gab es auch Zeiten, in denen ich zwar Anfragen bekam, jedoch kaum einen Auftrag. Mir wurde klar, dass ich nur dann Aussicht auf einen Auftrag hatte, wenn der Auftraggeber tatsächlich auch eine Realisierung von Analyseergebnissen wünschte, denn oft wurden lediglich aus Prestigegründen oder zur Absicherung eines Topmanagers Aufträge für Analysen an sehr namhafte Beratungsunternehmen vergeben.

Auffällig war, dass Verwaltungs- und Kontrollbereiche sozusagen explodierten, wenn Verantwortung und Kompetenz nicht in ein und derselben Hand lagen. Sogenannte Struktur- oder Systemfehler gab es nicht nur im öffentlichen Bereich. Die Ursache dafür liegt meist in Machtansprüchen von Personen oder auch von Parteien. Ja, noch etwas war besonders auffällig: Es wurde unglaublich viel Geld dafür verschwendet, um einen bestimmten Zustand aufrechtzuerhalten, anstatt sich flexibel den sich aufdrängenden Veränderungen anzupassen. In dieser Phase war ich, vor allem, wenn ich einen Auftrag realisierte, sehr häufig in einer stillen Kirche. Dort erlebte ich ganz praktisch, dass jede konstruktive, effektive Kraft aus der Ruhe kommt und nicht vom Tun. Je besser es mir gelang, meine Gedanken loszulassen und durch Gebet und Meditation zu ersetzen, umso treffender, um nicht zu sagen, umso genialer waren dann die Gedanken, die sich förmlich aufdrängten.

Die interessantesten Aufträge bekam ich in Frankfurt, Wiesbaden, Hamburg, Köln. Interessant waren sie nicht nur, weil diese auch eine hohe fachliche Herausforderung waren, sondern weil sie auch eine hohe menschliche Komponente erforderten. Beispielsweise lautete die Anforderung bei einem Auftrag zur Reorganisation des gesamten Wertpapiergeschäftes in einer Bank, das Geschäftsvolumen in der dreifachen Größenordnung wie bisher abwickeln zu können und dennoch die bestehende Anzahl der Mitarbeiter um dreißig Prozent zu reduzieren. Diesen Auftrag konnte ich nur deshalb annehmen, weil der Auftraggeber mir gleichzeitig auch den Auftrag gab, jene Mitarbeiter, die den betreffenden Bereich verlassen mussten, entsprechend ihren Fähigkeiten in anderen Bereichen einzubinden, was auch zur vollsten Zufriedenheit aller gelang.

Viele Berater verwenden bei ihrer Arbeit ein sogenanntes »Lehrmodell«, zum Beispiel: Wie funktioniert ein optimal gebautes Segelschiff und warum funktioniert es? Mein »Lehrmodell« war die Engelslehre des Dionysius Areopagita. Es ist ein perfektes Modell, besonders gut für Dienstleistungsunternehmen. Für mich entsprechen die Hierarchien und die Aufgabenteilungen in den Hierarchien einer göttlichen Ordnung, die auch dann einfach funktioniert, wenn die Unternehmensleitung auf eine sehr effiziente Art und Weise und auf der Basis des Vertrauens das Unternehmen führen will. Übrigens bin ich überzeugt, dass Gott diese Ordnung auch in uns Menschen selbst errichten will, nur wir mit unserem Ego es nicht zulassen können oder wollen.

In Zeiten, in denen ich beruflich weniger ausgelastet war, suchte ich immer intensiver die Nähe Gottes, auch um persönlich wachsen zu können und nicht durch ein egozentrisches Verhalten innerlich zu verkümmern. Es war eine berechtigte, nicht der Vernunft widersprechende Hoffnung, die mir half, dieses »Jammertal«, anders kann ich mein Leben nicht treffender beschreiben, doch einigermaßen, einmal gut, dann wieder weniger gut, zu überstehen. Mit Sicherheit hätte ich mein Leben mit ganz anderen Augen gesehen, wenn ich nicht ständig meine Jenseitserfahrung in meinem Kopf hätte herumtragen müssen. In solchen eher melancholischen Augenblicken war das »Hohelied der Liebe« von Paulus im Korintherbrief nicht nur ein Trost, sondern wirklich eine starke mentale Hilfe für mich.

Je mehr ich die Gegenwart Gottes wahrnahm, umso schwieriger wurde es für mich jedoch, Projekte anzunehmen, bei denen es überwiegend um Machterweiterung einzelner Personen ging, jedoch kein Vorteil für das Unternehmen erkennbar war. Auch wenn die Unternehmensleitung eine Einstellung hatte, die in etwa wie folgt lautete: »Mitarbeiter wollen möglichst wenig arbeiten, der Erfolg des Unternehmens interessiert die Mitarbeiter ja gar nicht«, war ich emotional gar nicht in der Lage, einen solchen Auftrag überhaupt anzunehmen. Meist waren dies auch jene Vorstände, denen offenbar die Tantiemen wichtiger waren als längerfristige Ziele für eine gesunde Unternehmensentwicklung. Dazu kam, dass Wissen eine immer größere Bedeutung erlangte, dass jedoch kaum gelehrt wurde, dieses Wissen zum Wohle von Mensch und Umwelt einzusetzen. Daher dient es überwiegend dem Geld und der Macht.

Ein Beispiel möchte ich anführen: 1973 hatte der britische Ökonom Ernst Friedrich Schumacher – er hat Großbritannien wesentlich zum Wirtschaftsaufschwung nach dem Krieg verholfen – sein Buch *Small is Beautiful: Econo-*

mics as if People Mattered veröffentlicht. 1977 wurde der Ökonom vom damaligen US-Präsident Jimmy Carter ins Weiße Haus eingeladen, um sein Buch vorzustellen. Es wurde ein Welthit, aber anstatt sich auf kleine, leicht überschaubare Wirtschaftseinheiten zu besinnen, wie Schumacher es im Buch empfohlen hatte, begann jetzt ein Boom der Fusionierungen nach dem Motto: »Der Große frisst den Kleinen.«

Es fiel mir zunehmend schwer, nur des Geldes wegen zu arbeiten. Deshalb verlagerte sich mein Interesse immer mehr auf religiöse Themen. In dieser Phase wurde mir die große Bedeutung einer Gemeinschaft mit Gott auch viel bewusster, auch die Tatsache, dass nur so ein fruchtbares Miteinander möglich ist und die Nächstenliebe sich zu einem festen und gedeihlichen Netz für alle Menschen in einer Gemeinde entwickeln kann. Die persönliche Gottesbeziehung ist ein starkes Fundament, das noch stärker wird, wenn diese Beziehung sich auch im Dienst für andere Menschen realisiert. Eine Gottesbeziehung bekommt erst im Teilen der jeweiligen persönlichen religiösen Beziehung unendlich viele zusätzliche Impulse. Jeder Mensch ist einzigartig, auch in seiner religiösen Haltung, in seiner Gottesbeziehung, und dennoch ist eine Glaubensgemeinschaft wichtig und von Vorteil, selbst für diejenigen, die eine Kirche meiden.

Es wurde mir auch immer klarer bewusst, wie wichtig die Katechese bei den Predigten ist. Viele Kirchenbesucher verstehen den Ablauf und die Bedeutung der einzelnen Handlungen kaum oder nur sehr oberflächlich. So entstand mit meinem Pfarrer, einem Ordensmann der Eucharistiner, ein Glaubensseminar, bei dem die Teilnehmer die heilige Messe als unverzichtbaren Schatz für sich und ihre Familien entdecken konnten. Diese Seminare mit zu organisieren und zu moderieren, erfüllte mich mit großer Freude. Es war eine besondere Art, der Liebe Gottes zu begegnen. Immer öfter nahm ich auch an Exerzitien teil und begann außerdem, über meine persönliche Nahtoderfahrung zu berichten und Vorträge zu halten. Während des Eucharistischen Kongresses in Dublin schrieb ich mein erstes Taschenbuch über meine Jenseitserfahrungen, was dazu führte, dass ich immer häufiger zu Vorträgen eingeladen wurde. War ich jetzt doch »Missionar« geworden, ohne theologische Ausbildung, einfach nur aus Liebe zu Gott, der für mich die vollkommene Liebe ist? Die Teilnahme an einer Gruppenreise in ein katholisches Kloster nach Kerala in Südindien war ein weiterer wesentlicher Schritt, der meine Glaubenserfahrungen stärkte und auch erweiterte.

Besondere Begegnungen mit Gott

Die Flugroute führte von Wien nach Frankfurt, von dort direkt nach Sri Lanka. Nach einigen Stunden Aufenthalt am Flughafen ging es zum nächsten Ziel Richtung Norden nach Madras an der Ostküste Südindiens. Wenige Stunden danach sollte eine Maschine ganz in den Süden, nach Kerala, abfliegen, jedoch erklärte man uns am Schalter: »15 Uhr mag schon seine Richtigkeit haben, aber sicher nicht heute, vielleicht morgen.« Jetzt waren wir in einer anderen Welt angekommen, in der offenbar der Zeit nicht die gleiche Bedeutung wie in Europa zugemessen wurde. Wir wurden mit einem Bus über eine achtspurige Autobahn in die Stadt gefahren. Mitten auf der Autobahn, die nicht sehr stark befahren war, befanden sich Frauen, die einen Kübel trugen und mit einem Pinsel die Leitlinien mit weißer Farbe nachzogen.

Als wir von einem Hügel aus einen Blick über die Stadt hatten, ging die Sonne gerade langsam unter. Am Stadtrand angekommen, überquerten wir einen Fluss. Der Bus kam auf der Brücke zum Stehen. Zuerst sah ich nur den fast schwarzen Fluss Adyar, danach zum ersten Mal einen *Slum*. Sofort schloss ich meine Augen, da ich den Anblick nicht ertragen konnte. Nach einer Minute zwang ich mich, die Augen wieder zu öffnen. Was ich sah, erschütterte mich: Die Menschen lebten in Blechhütten und wateten in tiefem Schlamm. Überall gab es nur Dreck, die meisten Bewohner sanken bei jedem Schritt bis zu den Knien ein. Eine Frau wusch ein Stück Bekleidung im dreckigen Wasser, eine andere schöpfte aus dem Fluss Wasser und trug den Topf zu einer Feuerstelle. Erst jetzt sah ich auch die vielen Kinder, die sich mühsam im Schlamm bewegten und herumsprangen. Sie lachten und man sah, dass sie voller Freude waren. Sogar ihre Augen strahlten vor Freude. Unglaublich, selbst in den für uns unvorstellbar ärmlichsten Verhältnissen waren diese Kinder glücklich. Der Bus fuhr weiter und hielt beim größten internationalen 6-Sterne-Hotel in Madras, das allen Komfort bot. Beim Empfang bekamen wir verschiedene Belehrungen: Wir sollten unter anderem Bettlern auf keinen Fall fremde Währungen geben – darauf stand für die Bettler Gefängnisstrafe – und keinesfalls in der Dunkelheit ohne Führung auf die Straße gehen.

Trotzdem wagte ich mich mit meinem Freund Erich nach dem Abendessen auf die Straßen vor dem Hotel. Schon nach wenigen hundert Metern kam ein großer weißhaariger Mann mit Bart auf uns zu. Er trug außer einem langen weißen Gewand nichts bei sich, was zu sehen gewesen wäre. Er verneigte sich vor uns und sagte betont höflich: *Please give me something to eat, I'm hungry. – Sorry, we have no food, the hotel kitchen is already closed* (»Bitte, gebt mir etwas zu essen. Ich bin hungrig.« – »Es tut uns leid, wir haben nichts zum Essen dabei und die Hotelküche ist schon geschlossen«), antwortete ich. Dieser Mann hatte eine solch starke positive Ausstrahlung, wie ich sie bisher noch nie erlebt hatte. Er verneigte sich wieder und bedankte sich dafür, dass wir geantwortet hatten. Nach kurzem Zögern sagte dieser Mann: »Ihr kommt aus Deutschland, darf ich euch um eine Unterhaltung bitten?« Wir nickten zustimmend und er fuhr fort: »Ich bin ein heiliger Bettler. Wisst ihr, was ein heiliger Bettler ist?« Als wir verneinten, beschrieb er einen heiligen Bettler: »Im Alter von 62 Jahren habe ich mein ganzes Vermögen, 62 Seiden-Boutiquen in den wichtigsten Städten der Welt, 24 Villen in New Delhi und eine Menge Schmuck und Edelsteine, an meine Verwandten verschenkt. Angeblich gehörte ich zu den 150 reichsten Männern in Indien und lebte in der höchsten Kaste. Jetzt bereite ich mich darauf vor, ins Nirwana einzugehen, um nicht mehr geboren werden zu müssen.« Vor lauter Staunen brachten wir kein Wort über unsere Lippen. So sprach er weiter: »Ein heiliger Bettler lässt alles los. Dieses Gewand ist jetzt mein einziger Besitz und ich darf nur dann um Nahrung bitten, wenn ich Hunger habe. Jetzt darf ich noch nicht um ein Frühstück betteln, erst morgen früh, sobald ich Hunger verspüre. Übrigens empfinde ich das Christentum als eine besonders gute Religion. Schade, dass es so wenige Christen wirklich leben. Ich bin als Hindu geboren und daher sterbe ich auch als Hindu.« Nach einem kurzen weiteren Austausch verneigte sich dieser strahlend schöne Mann, bedankte sich für jedes Wort, das er uns schenken durfte, und ging weiter.

Zu meinem Freund sagte ich: »Kann es sein, dass uns Gott jetzt in diesem Menschen begegnet ist? Wie arm sind wir Christen?« – »Wir sind voller Geltungssucht und können nichts loslassen. Diese Demut, diese unglaubliche Ausstrahlung, wenn ich nur zehn Prozent von ihm hätte, wäre ich schon ein besserer Christ«, antwortete er, stark berührt von dieser Begegnung. Schweigend gingen wir zurück ins Hotel.

Tags darauf fuhren wir mittags zum Flughafen, um nach Kerala zum Flughafen Kochi an der Küste des Arabischen Meeres zu fliegen. Von dort fuhren wir mit einem Bus zu einem katholischen Kloster in der Nähe des Anamudi-Berges. Die Fahrt dauerte ungefähr drei Stunden.

Jedes Kloster in Indien betreut auch ein Waisenhaus. Die Kinder bringen dem Kloster Gottes Segen. Ich freute mich tagtäglich sehr, wenn diese Kinder johlend im Gelände des Klosters herumliefen und dabei grenzenlose Freude ausstrahlten. Täglich gab es in der Klosterkapelle eine Stunde Anbetung vor dem ausgesetzten Allerheiligsten. Anwesend waren alle, vom Baby bis zum Greis, sicherlich mehr als hundert Personen und dennoch war es die ganze Zeit mucksmäuschenstill. Man hätte eine Nadel fallen hören können. Für uns Europäer war es ein unglaublicher Eindruck, dass Kinder so lange so still sitzen können. Ein Mönch erklärte mir, dass die Mütter schon sofort nach der Geburt mit den Babys so oft wie nur möglich in die Kirche gehen, denn die Babys genießen einerseits die Geborgenheit an der Brust der Mutter und dabei auch die absolute Stille in der Kirche. Täglich gab es eine Katechese und oft auch Geistausgießungen. Dieses Kloster hat sich auf Priester spezialisiert, damit sie diese besondere Begabung von Gott empfangen. Bei diesen Ereignissen durften nur wenige Laien, so auch ich, teilnehmen.

Einer der Höhepunkte war ein *Counceling* (»Beratungsgespräch«) mit einem begnadeten Menschen, der praktisch durch seine Begabung meine Fehler aus der Vergangenheit erkannte und ebenfalls meine von Gott gestellte Aufgabe für meinen weiteren Weg. All seine Aussagen in Bezug auf meine Vergangenheit trafen zu hundert Prozent zu. Dabei brauchte ich kein einziges Wort sagen. Nach einem kurzen Zögern sagte er plötzlich: »Du bist mit einer Frau verheiratet, die für dich nicht erwählt ist. Trenne dich von ihr.« Ich war schockiert und wollte es nicht wahrhaben: »Die Kinder kann ich doch nicht einfach verlassen.« – »Um die Kinder wird sich Gott selbst kümmern«, war seine knappe und überzeugende Antwort. Für die Zukunft meinte er nur, dass ich eine besondere Aufgabe von Gott hätte, die ich im Vertrauen auf Gott einfach erfüllen sollte.

Nachdenklich und auch etwas verärgert verließ ich den Gebetsraum und ging ins Freie. Normalerweise war dieser Innenhof um diese Zeit immer voller Kinder, aber jetzt war kein einziger Mensch zu sehen. Die ganze Stimmung war mehr als sonderbar, kein einziger Laut war zu hören. Deshalb ging ich zu meinem Schlafgebäude. Es war ein kleines Häuschen, nur ein einziger Raum mit vier Betten. Auf halbem Weg kam mir völlig unerwartet ein Junge entgegen und bat mich um meinen Kugelschreiber, den ich in meiner Hemdtasche sichtbar trug. Etwas verwirrt durch das *Counceling* und die ungewöhnliche, völlige Stille im Innenhof sagte ich kein Wort, griff nach dem Kugelschreiber und gab ihn dem Jungen. Er lächelte mich an, bedankte sich und verschwand. Nach ein paar Schritten drehte ich mich um, denn ich wollte sehen, wohin der Junge gegangen war, er war aber schon verschwunden. »Eigenartig, so schnell konnte er doch gar nicht die vierzig bis fünfzig Meter bis zum nächsten Gebäude zurücklegen«, dachte ich. Schließlich schloss ich das Schlafgebäude auf und legte mich auf mein Bett: Nach einer Weile holte ich mein Notizbuch, um die Erfahrungen des Tages niederzuschreiben. Ich griff nach einem Tintenstift und wollte schreiben, doch er funktionierte nicht, auch die restlichen Kugelschreiber und Tintenstifte funktionierten nicht. »Unglaublich, das kann doch gar nicht wahr sein, habe ich jetzt mein einziges funktionierendes Schreibgerät dem Jungen geschenkt?«, überlegte ich.

Nach einem kargen Abendbrot ging ich sehr früh zu Bett. Immer noch war ich über das im *Counseling* Gehörte erschüttert. Dann war da auch noch das Gestell aus Brettern mit einer Decke, das Bett. »Was mache ich überhaupt hier? Jesus, ich liebe dich, ich vertraue dir. Was soll ich hier? Bin ich verrückt? Habe ich einen religiösen Wahn?« Derartige Fragen quälten mich die ganze Nacht. Mein ganzer Körper schmerzte, weil ich nicht ruhig auf den Brettern liegen konnte. Am liebsten hätte ich sofort mein Reisegepäck genommen, wäre zum Flughafen gegangen und nach Hause geflogen. Stunden nach Mitternacht konnte ich endlich einschlafen, doch um sieben Uhr weckten mich die Glocken des Klosters. Ich hob mein Notizbuch vom Boden auf und da lag ein Kugelschreiber im Buch. Es war genau der Kugelschreiber, den ich am späten Nachmittag dem Jungen im Hof gegeben hatte. Ich dachte mir: »Das ist doch gar nicht möglich.« Sofort ging ich zur Tür. Diese war abgeschlossen. Es war Vorschrift, dass die Schlafräume niemals unverschlossen sein durften. »Wie kommt dieser Kugelschreiber in mein Zimmer?«, grübelte ich. Vergeblich suchte ich nach einer Erklärung. Dann nahm ich wieder mein Büchlein zur Hand, um das Erlebte des Vortages niederzuschreiben. Als ich es öffnete, sah ich darin einen Zettel liegen und auf diesem stand: »Ich bin mit dir, vertraue mir.« Völlig außer mir legte ich den Zettel weg und begann zu schreiben. Dabei flossen mir plötzlich

140

unaufhaltsam die Tränen über die Wangen. »War der Junge etwa Jesus, der mich begleitet?«, fragte ich mich. So schwach war mein Gottvertrauen trotz meiner Jenseitserfahrungen, dass ich die ganze Nacht an der Existenz Gottes gezweifelt hatte. Ich schämte mich und weinte, bis ich wieder einschlief. Es war ein tiefer und friedvoller Schlaf, der bis zum Abend dauerte. Erfüllt mit einem Frieden, wie ich ihn im Himmel erlebt hatte, und voller Gelassenheit ging ich zum Abendessen. Eigenartig war, dass niemand fragte, wo ich tagsüber gewesen war, was ich gemacht hatte. Niemand hatte mich offenbar vermisst.

Die restlichen zwei Wochen bis zur Heimreise hielt dieser Frieden, diese spürbare Gegenwart Gottes in mir an. Am zweiten Tag nach meinem Zweifel an Gott bat ich einen Priester um das Sakrament der Buße. Der Priester suchte ein idyllisches Plätzchen unter einer Kokospalme und ich beichtete meine große Schwäche im Gottvertrauen, mein Versagen in der Liebe zu Gott und auch in der Nächstenliebe. Der Priester machte eine kurze Belehrung und gab mir die Lossprechung. Er nahm meine Hand und sagte: »Josef, du sprichst von deinen Sünden, als wäre es das Natürlichste der Welt, seine Fehler zu bekennen.« Und der Priester begann jetzt seinerseits, richtig zu weinen. Ich umarmte ihn und sagte: »Meine Sünden habe ich nicht dir gesagt, Pater Georg, sondern vor Gott bekannt. Er kennt ja mein Versagen, er sehnt sich nach meinem Bekenntnis und dieses schenke ich ihm.« Schluchzend antwortete der Priester: »Ich kann das nicht, Josef.« Nun schaute ich dem Priester in die Augen: »Pater Georg, deine Reue ist so groß, deine Sehnsucht nach Vergebung ist noch größer, ich glaube, Gott hat dir schon längst vergeben.« Jetzt lächelte er mich an und wir gingen schweigend ins Kloster zurück. Auf dem Weg dorthin beschäftigte mich die große Not des Priesters und ich betete im Stillen für ihn.

Wir erwarten immer, dass Priester fehlerfrei und ohne Sünden leben. Warum eigentlich? Ein Priester ist doch auch ein Mensch mit Stärken und Schwächen. Auch für einen Priester ist es wichtig, Fehler zu machen, um die Gnade der Demut annehmen zu können. Ein Priester ohne Fehler wäre sicherlich auch stolz und gerade der Stolz ist es, der gebrochen werden, ja absterben muss, um überhaupt in den Himmel kommen zu können. Mir ist ein Priester, der auch Schwächen hat, bedeutend lieber als ein Priester, der perfekt ist, um den ich mir wirklich Sorgen machen müsste, ob er in den Himmel kommen wird. Wir kritisieren Priester auch gern und machen sie damit nur noch schwächer in ihrer Wirkung, bei ihrer Arbeit. Schon Paulus schrieb, dass wir dies unterlassen sollten.

Sehr beeindruckt hat mich auch ein katholisches Exerzitienzentrum in Kerala. Wöchentlich kommen bis zu 20 000 Menschen zu diesem Zentrum, um sich spirituell weiterzuentwickeln. Es sind nicht nur Christen, auch viele wohlhabende Hindus aus höheren Kasten, die man an den breiten Goldrändern an ihrer Kleidung erkennt, sind darunter. Das Vortragsgebäude selbst fasst vielleicht tausend Menschen und die Vorträge sind in englischer Sprache. Aus diesem Saal werden die Beiträge mittels Kameras in andere Gebäude übertragen und dort synchron auch in jeweils andere Sprachen übersetzt. In Indien gibt es circa sechzig verschiedene Sprachen. Sehr viel Wert wird in diesem Zentrum auf eine hohe Qualität der Technik gelegt, die Gebäude hingegen sind für unsere Verhältnisse eher abbruchreif. Eine ausgezeichnete Live-Band spielt außerdem viele rhythmische Lieder, als Sänger werden oft Stars aus der Musikbranche eingeladen. Gekocht wird in eigenen Gebäuden mit riesigen, bis zu zwei Meter hohen Kesseln, unter denen das Feuer brennt. Die Stimmung in diesem riesigen Zentrum ist sehr berührend und die Menschen strahlen vor Freude.

Zurück nach Europa

Aus meinen Erfahrungen mit der indischen Kultur habe ich sehr viel gelernt, vor allem die Einsicht, dass man die ganz anderen Wertigkeiten, die materiellen Werte, nur zum Leben braucht, aber nicht um wirklich glücklich zu sein. Ein Arzt braucht dort einen zweiten Job, um überleben zu können. Sicherheit für das Leben hat kaum eine Bedeutung. Wenn man verunglückt, dann hat man dieses Leben eben hinter sich. Die Menschen scheinen für mich durchschnittlich intelligenter zu sein als in Europa. Durch ihre Sprachenvielfalt denken sie sehr strukturiert. Daher gibt es auch viel weniger Missverständnisse als bei uns in Europa. Die Armut im Land ist nur ein scheinbarer Widerspruch, denn selbst Menschen ohne Schulbildung, die in einfachen Hütten aus Bananenblättern wohnen, wissen, wie man Strom in die Hütte leiten, eine Satellitenschüssel auf einer Palme montieren und einen Farbfernseher benutzen kann. Nichts wird einfach weggeworfen. Sie machen aus allem etwas und können alles reparieren. Wenn ein Hindu ein Haus baut und neben ihm ein Christ ebenfalls ein Haus baut und der Hindu mit dem Hausbau vor dem Christen fertig ist, so zieht er nicht in sein Haus ein, bevor nicht auch der Christ einziehen kann, um eine gute Nachbarschaft nicht zu gefährden. Dies und vieles mehr zu beobachten, hat mich sehr bereichert, aber auch nachdenklich gemacht.

Wieder in Europa angekommen – wir landeten in Frankfurt –, war es ein richtiger »Kulturschock« für mich, die Menschen zu beobachten. Sie wirkten sehr konzentriert, in sich gekehrt, egozentrisch. Kaum ein Lächeln im Gesicht war zu sehen. Ich dachte, ich sei unter lebendigen Toten gelandet. Was die Freundlichkeit, Fröhlichkeit, Gelassenheit, die Fähigkeit loszulassen und ähnliche Eigenschaften betrifft, könnten wir Christen von den Hindus so manches lernen.

Weniger gefallen haben mir in Indien die hygienischen Bedingungen. Vor allem riecht es in großen Teilen des Landes nach verbranntem Fleisch.

Zu Hause angekommen, bemühte ich mich wieder um Aufträge. Die Erfahrungen aus Indien schob ich zur Seite. Vor allem hatte ich große Probleme mit dem Rat, dass ich meine Frau verlassen sollte. Obwohl diese Empfehlung immer wieder in meinem Kopf präsent war, wollte ich davon nichts wissen, da ich überzeugt war, dass ich das Kreuz meiner Ehe tragen konnte. Aufträge, die meinem Know-how entsprachen, waren nicht mehr zu bekommen. Deshalb übernahm ich diverse kleine Beratungsgespräche. Die Gegenwart Gottes war bei meiner Arbeit immer weniger spürbar. Deshalb stürzte ich mich umso mehr in religiöse Aufgaben, die jedoch bestenfalls meine Unkosten deckten.

Mit der Führung einer gemischten Jugendgruppe hatte ich sehr viel Freude. Wöchentlich trafen wir uns bei der Kongregation der Barmherzigen Schwestern in Wien. Gebete und Bibellesen gehörten dazu, aber auch einen Turnsaal durften wir zur Freude der Jugendlichen benutzen. Jährlich gab es eine größere Reise wie zum Beispiel nach Rom, nach Paris in die Rue du Bac, nach Medjugorje oder

144

nach St. Ulrich am Pillersee. Bei diesen Reisen gab es niemals Probleme, da im Mittelpunkt immer religiöse Aktivitäten standen. Das notwendige Geld hatte die Gruppe sich immer erarbeitet. Sehr behilflich dabei war besonders auch eine Ordensfrau der Barmherzigen Schwestern. Niemals mussten die Eltern der Kinder für die Reisen Geld zuschießen. Auch als Mitglied der Legio-Mariens war ich sehr engagiert. Besonders liebte ich das Gespräch mit Menschen, die mit der Bezahlung des Kirchenbeitrages im Verzug waren. Obwohl ich nach wie vor täglich die heilige Messe besuchte, viele religiöse Gespräche führte, Vorträge über meine Nahtoderfahrung hielt, Einkehrtage gestaltete und auch Glaubensseminare hielt, hatte ich das Gefühl, dass meine Gottesbeziehung immer schwächer wurde. Schwierigkeiten, die für mich früher eine Herausforderung waren, wurden jetzt zur Last. Dies war ein klares Zeichen dafür, dass ich in meinem Leben etwas ändern sollte, riet mir ein Priester.

Ein Gespräch mit Kardinal Schönborn

Was sollte ich ändern? Mich noch mehr religiös zu betätigen, ging gar nicht. Was sollte ich also tun, damit ich mich endlich wieder in der Liebe Gottes geborgen fühlte? Als ich wieder einmal von einer Vortragsreise aus Deutschland nach Hause kam, wurde ich gebeten, Pater Josef im Krankenhaus der Barmherzigen Schwestern zu besuchen, da er im Sterben lag. Pater Josef hatte schon mehrmals einen Herzstillstand und konnte immer wieder reanimiert werden. Als ich in Begleitung von zwei geistlichen Schwestern sein Zimmer betrat, lag Pater Josef ganz ruhig mit geschlossenen Augen im Bett. Eine Schwester berichtete, dass er schon seit Längerem die Augen nicht mehr öffnete. Ich ging zum Bett, berührte seine Hand und sprach ihn an: »Pater Josef, ich bin es, Josef.« Jetzt machte Pater Josef die Augen auf und sagte: »Endlich bist du gekommen und drückst meine Hand.« Es folgte ein kurzer Wortwechsel, dann schloss Pater Josef wieder die Augen. Mit den Worten: »Danke für alles, ich wünsche dir alles Gute, Pater Josef«, verabschiedete ich mich und verließ das Krankenhaus. Am Tag darauf wurde ich informiert, dass Pater Josef in der Nacht verstorben war. Offensichtlich wollte er die Welt nicht verlassen, ohne mich noch einmal zu sehen. Dieser Gedanke berührte mich tief und ich fühlte meine Jenseitserfahrung im Licht wieder ganz intensiv: Gott ist die Liebe.

Als ich diese göttliche Liebe fühlte, kam mir der Gedanke, an meinen Hirten, Kardinal Schönborn, einen Brief zu schreiben. Ziemlich detailliert beschrieb ich meine Lebenssituation. In der Hoffnung, einen Rat zu bekommen, brachte ich den Brief zur Post. Nach zwei Monaten war noch keine Reaktion von Seiner Eminenz erfolgt. Vermutlich hatte ich mein Anliegen als zu wichtig angesehen, dachte ich mir. Ich erwartete keine Antwort mehr. Umso erfreuter war ich, als doch noch ein Schreiben einging. Voll Freude öffnete ich den Brief. Es war eine Einladung zu einem persönlichen Gespräch.

Als ich dann bei den Räumlichkeiten des Kardinals läutete, erschien ein Sekretär und bat mich, im Vorzimmer Platz zu nehmen, bis Seine Eminenz mich abholen würde. Doch etwas aufgeregt, wartete ich ein paar Minuten, dann wurde ich in das Arbeitszimmer des Kardinals gebeten. Seine Eminenz begrüßte mich sehr herzlich und bat mich, vor dem Schreibtisch Platz zu nehmen. Es folgte eine sehr angeregte Konversation über meine Lebensgeschichte.

146

Nach einer Weile fragt mich Seine Eminenz: »Können Sie sich vorstellen, noch Priester zu werden?« Ohne darüber nachzudenken, erwiderte ich: »Dies war immer mein Traum, seit meiner Kindheit.« – »Wollen Sie sich wirklich in diesem Alter noch ein mehrjähriges, notwendiges Studium zumuten?« – »Wenn es der Wille Gottes ist, will ich das«, antwortete ich, ohne zu zögern. »Das Sakrament der Ehe schließt jedoch das Sakrament des Priestertums aus. Ich mache Ihnen folgenden Vorschlag: Sie lassen Ihre Ehe vom Diözesangericht überprüfen. Sollte die Ehe annulliert werden, so sehe ich dies als starkes Zeichen für eine Priesterberufung. Sollte dies tatsächlich geschehen, bitte ich noch um eine Empfehlung von einem Priester.« Nach ein paar weiteren Sätzen verließ ich das Erzbischöfliche Palais, tief bewegt über die Herzlichkeit des Kardinals.

Zu Hause angekommen, erzählte ich bei der ersten Gelegenheit von meinem Besuch beim Kardinal und von seinem Vorschlag. Außer einem kurzen »Aha« gab es von meiner Frau keine Reaktion.

»Am besten, ich mache mir nicht allzu viele Hoffnungen, doch noch Priester zu werden, damit ich nicht zu sehr enttäuscht sein werde. Schafft Gott in meinem Leben jetzt Ordnung? Hatte der Priester beim *Counceling* in Indien doch recht?« Diese Gedanken beschäftigten mich in den folgenden Tagen. Dabei wurde mir immer klarer, dass Gott in meinem Leben Ordnung schaffen wird, was auch immer dabei entstehen wird. Mit diesen Gedanken wurde die Freude in meinem Herzen auch wieder merklich spürbar und so stellte ich den Antrag auf Eheannullierung beim Diözesangericht.

Meine Arbeit gestaltete sich weiterhin als ein mühsames und eher freudloses Geldverdienen. Im religiösen Bereich kamen Fernsehauftritte und diverse Interviews zu den häufiger werdenden Vorträgen hinzu. Nach einigen Monaten wurde ich vom Diözesangericht vorgeladen. Dort hatte ich einige Fragen zu beantworten. Nach weiteren fünf oder sechs Monaten bekam ich die Nachricht, dass meinem Antrag in erster Instanz stattgegeben werde, jedoch eine weitere Diözese das Verfahren und Ergebnis vor einer endgültigen Entscheidung überprüfen müsste. Nach einem weiteren Jahr schließlich bekam ich die schriftliche Mitteilung, dass meine Ehe annulliert sei. Nun war der Zeitpunkt gekommen, einen Priester zu bitten, für mich eine Empfehlung für Seine Eminenz, Kardinal Schönborn, abzugeben. Obwohl ich mit meinem Pfarrer ein ausgezeichnetes Verhältnis hatte, wir sehr viel zusammen arbeiteten, entschied ich mich, nicht ihn, sondern einen bekannten Ordensmann darum zu bitten. Jetzt fühlte ich mich ziemlich sicher in der Entscheidung, Priester zu werden, und traf dazu alle notwendigen Vorkehrungen. Nach einiger Zeit bekam ich von diesem Ordensmann die Nachricht, dass er nicht an eine priesterliche Berufung meinerseits glaube. Er habe meine Schriften und auch jene Filme, in denen ich zu sehen sei, ausführlich studiert und komme dadurch zu diesem Ergebnis. Nun brauchte ich einige Tage, um diese Mitteilung emotional halbwegs in den Griff zu bekommen. »Josef, du bist ein Träumer, vergiss doch endlich die katholische Kirche«, sagte ich mir. Die Sehnsucht nach Geborgenheit, verstanden und angenommen zu werden, wurde immer unerträglicher.

In dieser Situation erklärte mir eine Frau, dass sie sich nach einer von Gott gewollten Beziehung sehne.

Die Wallfahrt nach Lourdes

Das Chaos in meinem Kopf war nun vollkommen. Mir konnte nur noch Gott helfen. Bei einer Wallfahrt nach Lourdes erhoffte ich mir Klarheit. Diese Wallfahrt war mir in den Schoß gefallen. Eine Frau mit einer schwerbehinderten Tochter bat mich, sie bei dieser Reise zu begleiten. Sie wollte auch meine Kosten übernehmen. Diese Wallfahrt stand von Anfang an unter einem großen Frieden und einer sehr großen Freude in meinem Herzen. Ich war noch nie in Lourdes. Diesen Ort, über den ich so viel Positives gehört hatte, durfte ich jetzt selbst kennenlernen. In mir wuchs die Überzeugung, dass in Lourdes mithilfe meiner verstorbenen Mutter und vor allem durch Maria, der Mutter Jesu, meine Welt wieder in Ordnung kommen würde.

Die Reise wurde vom Malteser Hospitaldienst mit einem direkten Flug von Wien nach Lourdes organisiert. Untergebracht waren wir in einem sehr modernen Pflegeheim, mitten im heiligen Bezirk. Die kleinen Dienste, Hilfen für die Pflegebedürftigen, und auch die Möglichkeit, im Haus der Pflegebedürftigen wohnen zu können, machten diese Wallfahrt zu einem ganz besonderen Ereignis. Diese fünf Tage waren mit vielen Programmpunkten gefüllt. Besonders beeindruckte mich die tägliche Lichterprozession. Unzählig viele Menschen nahmen an dieser Prozession teil, als würde sie nie enden wollen. Diese Stunden am Abend mit der Prozession dauerten bis in die Nacht hinein. Ein großartiges Erlebnis war die internationale Messe der Malteser in der riesigen unterirdischen Kirche, in der Tausende Menschen Platz haben.

Den größten Teil meiner Freizeit verbrachte ich in der Anbetungskapelle, um Klärung für meine persönliche, unerträgliche Situation zu bekommen. Dabei betrachtete ich auch sehr gern die Begegnungen der heiligen Bernadette mit Maria. Diesem Mädchen aus einfachstem Haus erschien die Mutter Jesu im Jahr 1858 insgesamt achtzehnmal und dies an einem besonders schmutzigen Ort, in einer Grotte, wo der Kanal in die Gave floss. Allein die Betrachtung dieser Tatsache erweckte in mir das Gefühl der grenzenlosen Liebe Gottes zu uns Menschen. Auch die Botschaften Mariens an Bernadette zeugten von dieser Liebe. Gott ist Liebe und er liebt jeden Menschen so, wie er ist. Ich fühlte mich vollkommen geborgen, fast wie bei meiner Jenseitserfahrung. Daher genoss ich in dieser Kapelle jede Minute ganz intensiv. Am vorletzten Tag gab es endlich auch die Möglichkeit, in der Grotte ins eiskalte Wasser getaucht zu werden. Vor lauter Aufregung bemerkte ich gar nicht, dass ich mich am falschen Ende der Menschenschlange anstellte, nämlich vorne. Das eiskalte Wasser fühlte sich sehr gut an, nur kurz wurde ich untergetaucht und schon musste ich das Becken wieder verlassen. Ohne mich abzutrocknen, zog ich die Kleidung über meinen nassen Körper, der danach ganz warm wurde. Jetzt, als ich die Grotte verließ, bemerkte ich, dass ich mich vorne angestellt hatte. Es war mir richtig peinlich, aber ich konnte es nicht mehr ändern. Eigentlich hätte dieses Missgeschick gar nicht geschehen dürfen, denn es waren ja Ordner da, die peinlich darauf achteten, dass sich jeder hinten anstellte. Ich nahm dieses Missgeschick als Geschenk der Mutter Gottes an und sah dies auch als Zeichen dafür, dass Gott mir seine Liebe auch durch die Liebe zu einer Frau schenken würde.

Zurück in Wien, teile ich jener Frau, die einen von Gott gewollten Mann suchte, mit, dass ich grundsätzlich nicht abgeneigt sei, eine Beziehung mit kirchlicher Trauung ein-

150

zugehen, wenn es dem Willen Gottes entspreche. In der Phase des Kennenlernens stellte sich jedoch heraus, dass es nicht die richtige Frau für mich war. Anfangs dachte ich, dass es eben Differenzen seien, die vielleicht auch üblich sind. Ich dachte mir, dass es doch nicht sein kann, dass Gott mir eine Frau schickt und diese nicht die erwählte ist. Doch es wurde klar, dass es sich bei ihr nicht um die von Gott erwählte Frau handeln konnte. Vielleicht sollte ich Gott meine Liebe ungeteilt schenken.

Ich entschied mich, dass es am besten sei, wenn ich mich an einem stillen Ort aufhalte, fern von den Menschen, um mit Gott allein zu sein. In meinem Herzen trug ich schon seit Jahren die Sehnsucht, ein Buch über gelebte Mystik zu schreiben. Auf der Suche nach einem derartigen Ort zog ich schließlich von der Großstadt Wien in ein abseits gelegenes Dorf im Salzkammergut. Dort fand ich eine kleine Wohnung mit einem wunderbaren Blick von der Terrasse auf den Attersee, hinter mir die Felsen des Höllengebirges. Genau das war das Richtige. Hatte ich nicht schon als neunjähriges Kind den Wunsch, mein Leben im Salzkammergut zu verbringen? Als ich merkte, dass die Vermieter auch sehr nette Menschen waren, gab es keinen Zweifel mehr und ich übersiedelte nach wenigen Wochen.

Einsam mit Gott und seiner Schöpfung

Meine Übersiedlung ging reibungslos vor sich. Zuerst kümmerte ich mich um die Beschaffung der Lebensmittel. Ich musste herausfinden, wo und wann ich was kaufen konnte.

Die nächsten Städte lagen fünfundzwanzig bis dreißig Kilometer entfernt. Es handelte sich um Bad Ischl, Gmunden und Vöcklabruck. Kleine Geschäfte für das Notwendigste gab es schon in einer Entfernung von drei bis zehn Kilometern. – Sehr gut organisiert und auch beliebt sind übrigens die vielen Bauernmärkte im ganzen Salzkammergut. – Zu klären war auch, wo und wann eine heilige Messe gefeiert wurde. Die Wallfahrtskirche Maria Puchheim war 32 Kilometer entfernt. Dort gab es täglich mehrere Messen, da diese Kirche von den Redemptoristen betreut wurde. In den vielen Kirchen in der näheren Umgebung wurden die Gottesdienste eher unregelmäßig gefeiert.

Daher nahm ich doch häufig die weite Fahrt in Kauf, um täglich die heilige Messe zu besuchen. Um auch für meinen Körper etwas Gutes zu tun, machte ich Wanderungen. Ein Mountainbike macht mir die Erkundungen in diesem wunderschönen Land noch etwas leichter. Alles was ich unternahm, versuchte ich, immer intensiver in der bewussten Gegenwart Gottes zu machen. So wurde alles, was ich tat, auch zum Gebet. Es gab unendlich vieles zu erkunden. Um das Salzkammergut wirklich gut kennenzulernen, würde ich vermutlich zehn oder noch mehr Jahre benötigen. Da ich täglich auch eine warme Mahlzeit essen wollte, beschäftigte ich mich auch täglich mit der Zubereitung von Speisen.

Gesundes Essen war mir wichtig. Von früher wusste ich, dass im Salzkammergut die beste mir bekannte Hildegard-Köchin ein Restaurant am See führte. Ich erinnerte mich, dass sie auch Kochkurse gab. Ich machte mich auf die Suche, konnte das Lokal jedoch nicht finden. Als ich meinen Vermieter nach diesem Restaurant fragte, sagte er mir, dass es vor wenigen Jahren geschlossen wurde, aber die Besitzerin irgendwo in der Nähe wohne. Frau Schinnerl, so hieß die Hildegard-Köchin, sei verheiratet und

152

lebe jetzt privat. Dennoch wollte ich gern Kontakt mit ihr aufnehmen, um ein paar Tipps für meine Küche zu erhalten. Der Vermieter erkundigte sich und teilte mir nach einiger Zeit mit, dass die Hildegard-Köchin jetzt in der Seestraße wohne. Deshalb fuhr ich in die besagte Straße, konnte aber die Köchin nicht finden. Für mich war damit die Sache, Kochtipps von einer Expertin zu erhalten, erledigt, doch mein Vermieter gab nicht auf. Einige Monate später kam er zu mir, gab mir eine Telefonnummer und sagte: »Josef, versuch es unter dieser Nummer. Dort solltest du deine Köchin finden.« Mein Vermieter war selbst auch neugierig, denn er kochte und aß auch gerne gut. Tatsächlich erreichte ich Frau Schinnerl. Wir vereinbarten einen Termin, an dem sie für mehrere Personen kochen sollte.

Helga Schinnerl erkannte mich sofort, da meine Frau vor zwanzig Jahren bei ihr einen Kochkurs besucht und ich sie mit den Kindern begleitet hatte. Neben dem Kochen tauschten wir daher auch private Informationen aus. Ausgestattet mit einer Menge Tipps und einem Kochbuch von Helga, verließ ich das Haus. Bei der Verabschiedung sagte sie, dass sie mich verständigen werde, wenn sie ein Reh oder ein Lamm zubereiten werde, damit ich ihr noch etwas über die Schulter schauen könne. Die nächsten Monate kochte ich überwiegend nach dem Kochbuch von Helga. Besonders gefielen mir die Rezepte zum Brotbacken.

Als meine Kinder zu Besuch kamen, waren sie total begeistert von der Lage meiner Wohnung mit Blick auf den See und die Berge, von der Vielfalt des Salzkammergutes und auch von meiner neuen Hildegard-Küche. Die Kinder waren glücklich darüber, dass es mir so gut ging. Ich fühlte mich in dieser Gegend sehr rasch wie zu Hause. Bei meiner ersten Vortragsreise nach Bayern nach meiner

Übersiedlung bekam ich zum ersten Mal in meinem Leben Heimweh. Bisher kannte ich das gar nicht. Heimweh hatte ich nie nach Wien, doch jetzt nach dem Salzkammergut. Zuerst wollte ich dies gar nicht wahrhaben, aber es machte mich glücklich, ein wirklich neues Zuhause, eine neue Heimat, geschenkt bekommen zu haben.

Das Schönste an diesem Heimatgefühl war die ständige Gegenwart der göttlichen Liebe, oder war es umgekehrt? Fühlte ich mich endlich zu Hause, weil ich die göttliche Liebe fühlen konnte?

Eine überraschende Berührung

Na ja, dieses »Alleinsein« mit Gott und seiner Schöpfung hatte ich mir eigentlich doch etwas einsamer vorgestellt. Immer wieder gab es Anrufe. Deshalb erklärte ich den Anrufern, dass ich telefonisch nur noch am Dienstag und Donnerstag erreichbar sei. Weil die anderen Tage Gott gehören sollten, wollte ich sonst keine Gespräche mehr annehmen. Letztendlich nahm ich es dann doch nicht so genau, denn bei manchen besonders vertrauten Menschen konnte ich doch nicht widerstehen, das Gespräch entgegenzunehmen.

Helga rief mich an einem Freitag an und erklärte, dass ich bei der Zubereitung eines Lammes am Samstag wieder dabei sein könne. Bei diesem Treffen erfuhr ich von Helga, dass sie fast jeden Tag nach Maria Puchheim zur ersten heiligen Messe fuhr. Da ich auch oft zu dieser Kirche fuhr, bot ich Helga an, dass sie an den Tagen, an denen ich auch nach Maria Puchheim fuhr, mit mir fahren könne. Helga erklärte mir, dass sie nicht allein fahre, sondern dass eine andere Frau sie oft begleite. Dies war kein Problem für mich. Allerdings war mir klar, dass ich an diesen Tagen nun etwas früher aufstehen musste, denn bisher besuchte ich immer erst die zweite heilige Messe eine Dreiviertelstunde später.

Einige Zeit später erzählte mir Helga, dass sie sich so sehr eine Gebetsrunde in ihrem Haus wünsche, da die anderen Gebetstreffen in der Umgebung doch weit entfernt stattfanden. Im Haus befand sich auch eine Kapelle. Helga lebte dort allein, da ihr Mann verstorben war. Sie meinte, sie könne die Gebetsrunde auch bewirten. Ich schlug Helga vor, keine Rosenkranz-Gebetsrunde zu gründen, von denen es viele gab, sondern eine Gebetsrunde entsprechend der Mystik von Dionysius. Mit Begeisterung war Helga bei der Sache und organisierte alles Notwendige für die monatliche mystische Gebetsrunde.

Im Oktober des folgenden Jahres hielt ich ein dreitägiges Glaubensseminar über das praktische mystische Leben auf der Grundlage des Dionysius in der Nähe von Linz. Helga hatte mir schon von ihrem Leben als »Maulwurf« in ihrer Küche erzählt und dass sie deshalb kaum ihre Heimat kannte, aber allein auch nicht so gerne herumfahren mochte. Daher bot ich ihr an, gemeinsam einen Ausflug zu machen. Sie sollte sich ein Ziel überlegen. Einen passenden Termin würden wir dann finden. Nach dem nächsten gemeinsamen Gottesdienstbesuch erzählte mir Helga, dass sie mit ihrer Tochter gesprochen habe, die empfahl, mit dem Auto nach Fürberg am Wolfgangsee zu fahren, da es dort am See ein sehr gutes Restaurant gebe und man von dort aus auch eine Wanderung machen könne.

Für Dienstag, den 18. September, gab es eine sehr gute Wetterprognose. Wir vereinbarten, an diesem Tag nach Fürberg zu fahren. Wir wollten von dort aus eine Wanderung nach St. Gilgen und ein Stück hinauf auf das Zwölferhorn machen. Da es bei unserer Ankunft schon bald Mittag war, beschlossen wir, vor der Wanderung noch eine Kleinigkeit zu essen. Danach wollten wir am See entlang nach St. Gilgen gehen. Das Wetter war traumhaft schön an diesem Herbsttag. Man roch den Duft der Sträucher und Waldbäume. Der See war ganz ruhig und wir beobachteten die Fische. Dabei kam es zum ersten Mal zu einer Berührung unserer Hände. Helga und ich erleben dasselbe, ohne sofort darüber zu sprechen. Erst bei der Heimfahrt redete Helga als Erste darüber. Diese Berührung war unglaublich stark, durchdrungen von dem Gefühl einer unendlichen Vertraut- und Geborgenheit. Ein Frieden breitete sich in uns aus, als wären wir »angekommen«. Für mich war dieses Gefühl fast identisch mit dem Gefühl der Geborgenheit in der göttlichen Liebe bei meiner Nahtoderfahrung. Weiter fiel darüber kaum ein Wort. Helga meinte, sie sei verrückt, und ich wusste nicht, was ich denken sollte, denn ich brauchte Zeit, um mit Gott Klarheit über diese Erfahrung zu gewinnen.

In der nächsten Zeit verhielten wir uns so, als wäre nichts geschehen. Ich wollte keine weitere Enttäuschung mit einer Frau erleben und Helga wollte keine Beziehung ohne Ehe und dies kam nicht mehr infrage. Anfang Dezember war die Sehnsucht beiderseits allerdings so stark, dass wir doch darüber sprachen, letztendlich auch über eine mögliche Ehe. Helgas Kinder meinten schließlich, sie hätten nichts dagegen, und ich wusste, dass meine Kinder nichts anderes wünschten als mein Glück.

Vor der Weihnachtszeit beschäftigten wir uns mit diesen Gedanken, nach dem Weihnachtsfest war es für Helga klar, dass es keinen Mann mehr in ihrem Leben geben sollte. Bei unserem nächsten Treffen teilte Helga mir dies mit und ich dachte, so wird mir wenigstens eine weitere Enttäuschung erspart bleiben. Dennoch fragte ich: »O. k., Helga, du warst dir vor Weihnachten ziemlich sicher. Darf ich erfahren, welches deine Beweggründe sind?« – »Es gibt einige in meinem Bekanntenkreis, die die Anschauung vertreten, dass man nur dann heiratet, wenn man auch Kinder bekommen kann. Ansonsten bleibt man ledig. Außerdem stört mich, dass ich ein paar Jahre älter bin als du«, war Helgas Antwort. Nach einer kurzen Pause antwortete ich: »Der Altersunterschied ist doch nicht wirklich das Problem, schon eher dein Freundeskreis. Vielleicht ist es besser, wir überlassen die Entscheidung Gott, indem wir unsere Situation einem bekannten und strengen Moraltheologen schildern. Wenn der Nein sagt, ist es Nein, wenn er keine Antwort gibt, ist es auch Nein, und wenn er Ja sagt, ist es Ja, was meinst du dazu?« – »Ja, sehr gut, so machen wir es«, antwortete Helga spontan.

Ich suchte gleich die E-Mail-Adresse des Moraltheologen und schrieb einen Textentwurf. Helga war mit dem Text vollkommen einverstanden und somit sandte ich die Nachricht ab. Es dauerte keine 24 Stunden, bis die Antwort ankam. Ich druckte sie aus und fuhr damit zu Helga. Wortlos wollte ich Helga die Antwort des Moraltheologen übergeben, doch sie bat mich, diese laut vorzulesen. In der E-Mail stand: »Heiratet so rasch wie möglich. Ihr seid nicht mehr die Jüngsten und was Priester oder Bekannte sagen, muss euch egal sein. Ich wünsche euch heute schon alles Gute und bete für euch.« Beide waren wir über die so rasche und klare Antwort des theologischen Experten erstaunt und Helga fiel mir glücklich um den Hals.

Überraschend starker Gegenwind

So kurzfristig, wie der Theologe empfohlen hatte, wollten wir doch nicht heiraten. Wir wollten in Ruhe alles planen, alle informieren und einen Termin im September wählen. Als Erste wurden die Kinder informiert, danach sukzessive Verwandte und Freunde. Aus dem engsten Freundeskreis von Helga kam massiver Wiederstand, da die Meinung vertreten wurde, dass man in diesem Alter nicht mehr heiraten sollte und schon gar nicht einen Mann, der schon einmal verheiratet war.

Helga und ich beteten jetzt sehr viel, damit der Wille Gottes geschehe. Wir waren und blieben uns immer sicher, dass eine Ehe zwischen uns ein Geschenk Gottes für unsere Treue zu ihm sei und hin und wieder konnten wir Gott auch wirklich von Herzen dankbar sein für die Prüfungen. Schließlich wurde der Termin für die kirchliche Trauung auf den 21. Juli festgelegt.

Helga wollte alle geladenen Gäste im eigenen Haus begrüßen und hatte daher schon Wochen vorher mit der Planung der Bewirtung viel Arbeit. Alle geladenen Gäste kamen pünktlich und wurden reichlich verköstigt. Der Trauungspriester, ein junger, wunderbarer, spätberufener Priester – Helga war begeistert, weil er davor Koch gewesen war – war auch schon im Haus. Ich bat ihn vor der Trauung noch um eine heilige Beichte, obwohl ich eine Woche vorher schon gebeichtet hatte. Ich muss eingestehen, dass es meine dürftigste Beichte war. Außer dass ich Probleme hatte, mich mit einigen Menschen zu versöhnen, fiel mir einfach nichts ein.

Als sich alle kennengelernt hatten – schließlich war es auch eine Zusammenführung von zwei Familien –, fuhren wir bei einem buchstäblichen Bilderbuchwetter zur Wallfahrtskirche »Maria Attersee«. Der Attersee ist bekannt für sein Farbenspiel. An diesem Tag übertraf er sich. Auf dem wunderbar blauen Wasser waren viele Segelboote unterwegs. Die Hochzeitsgäste konnten auf dem Platz vor der Kirche mit freiem Blick auf den See von diesem prachtvollen Bild gar nicht genug bekommen.

Dann erfolgte der Einzug in die Kirche. Die ganze heilige Messe war unbeschreiblich schön. Eine Geborgenheit, ein grenzenloser Frieden breitete sich aus. Alle Hochzeitsgäste waren von der Zelebration der heiligen Messe und der Trauungszeremonie durch den jungen Priester tief berührt. Nach der heiligen Messe wurden auf dem Kirchplatz viele Fotos geschossen. Anschließend gingen wir einige Kilometer weiter in ein ausgezeichnetes Restaurant zum Festmahl, wo bis in den Abend hinein gefeiert wurde.

Berufung Ehe

Den ganzen Tag gab es nicht die geringste Missstimmung. Meine Brüder hätten am liebsten im Haus noch weiter gefeiert, doch wir sagten, dass wir ins Bett wollten, denn am nächsten Tag wollten wir auf Hochzeitsreise gehen.

Helga und ich hatten unsere Ehe beim Segen in der Hochzeitsmesse der Muttergottes übergeben. Wir versprachen uns jetzt noch einmal, dass wir aus jedem gemeinsamen Tag in der Ehe das Beste machen wollten.

Täglich danken wir seither Gott für das Geschenk der Ehe. Wir danken ihm, dass er unsere Liebe in seiner Liebe bewahrt und noch weiter wachsen lässt. Es ist für uns unerklärbar, dass unsere Liebe tatsächlich immer noch weiter wächst. Das gegenseitige Vertrauen wird immer intensiver und wir erkennen, dass Mann und Frau wirklich in allem erst ein Mensch sind. Das Allerschönste und Kostbarste ist, dass wir auf unser Ego völlig selbstverständlich mehr und mehr verzichten. Ich achte auf Helga und Helga achtet auf mich. Beide haben wir das Gefühl, vom anderen mehr als reichlich verwöhnt und geachtet zu werden. Wir sind sicher, dass wir dies selbst nicht könnten, sondern es ist Gott, der uns behütet und uns mit seiner Liebe erfüllt. Er selbst lebt in uns. Hin und wieder fragen wir uns, ob unser intensives Glück in dieser Welt, sich dem Paradies ganz nahe zu fühlen, ohne die vielen Um- und Irrwege bis zu unserer Ehe überhaupt möglich gewesen wäre: mit ziemlicher Gewissheit eher nicht. Immer öfter sagt Helga zu mir: »Wenn nur die Menschen wüssten, wie einfach es ist, zu zweit glücklich zu sein. Man braucht nur auf sich selbst zu verzichten. Die Menschen können gar nicht erahnen, wie glücklich wir sind. Wir können es ja auch gar nicht beschreiben, es sei denn, sie leben so geborgen in Gott wie wir.«

Danke lieber Gott, dass du uns zusammengeführt hast, dass wir die Gnade haben, dein Geschenk unserer Ehe anzunehmen und zu leben, halleluja!

Brüder und Schwestern
bitten mich um Rat

Die Anonymität bleibt gewahrt

Fast alle Namen – es gibt wirklich nur wenige Ausnahmen – und auch die Orte habe ich in diesem Buch geändert. Speziell in diesem Teil habe ich alle Namen und Ortsangaben frei erfunden. Sie stimmen nicht mit den tatsächlichen Namens- und Ortsbezeichnungen überein, ausgenommen ist der Teil »Hans stirbt am Karsamstag«. Nur so kann ich mit gutem Gewissen einen kleinen Auszug aus meinen Gesprächen mit den vielen Ratsuchenden wiedergeben. Mit der Überzeugung, dass sehr viele Menschen im Leben einander gleichende Fragen haben, schreibe ich diese in diesem Buch nieder.

Gläubige Frau und süchtiger Ehemann

Nach meinem Vortrag in Berlin kam eine Frau völlig aufgelöst zu mir: »Herr Atzmüller, ich muss dringend mit Ihnen unter vier Augen sprechen. Es geht um meinen Mann.« – »Sie sehen ja, das ist jetzt und hier unmöglich«, antwortete ich. »Sie werden sicherlich in der Stadt übernachten. Bitte geben Sie mir eine Chance, sagen Sie mir, wo ich ungestört mit Ihnen sprechen kann.« Die Frau schien ziemliche Probleme zu haben, so gab ich ihr meine Handynummer und sagte ihr, sie möge mich morgen um 9.15 Uhr unter dieser Nummer anrufen. Die Nacht verbrachte ich in einem Kloster. Vor der heiligen Messe um 7 Uhr fragte ich den mir zugeteilten Pater Christian, ob ich ein Zimmer für ein vertrauliches Gespräch nutzen durfte. Neben der Sakristei befand sich ein unbenutztes Aussprachezimmer, das ich benutzen konnte. Er übergab mir dafür einen Schlüssel.

Pünktlich um 9.15 Uhr kam der Anruf und wir vereinbarten für 10 Uhr einen Termin in der Kapelle des Ordens. Die Frau kam und wir gingen in das zur Verfügung gestellte Zimmer. Zuerst beteten wir gemeinsam ein Vaterunser, anschließend bat ich um die Führung durch den Heiligen Geist. Da wir beide Kinder Gottes sind, sprachen wir uns mit dem Vornamen an und duzten uns. »Erika, du wirkst ziemlich schwer belastet, komm, erzähle mir von deinen Sorgen«, lud ich Erika zum Sprechen ein. Sie legte auch gleich los: »Mein Ehemann Peter nimmt seit über fünf Jahren Drogen. Seit zwei Jahren ist er arbeitslos, jetzt macht er auch noch Schulden. Wir haben zwei Kinder, knapp über zehn Jahre alt. Jetzt gibt es auch schon Nächte, in denen er gar nicht heimkommt. Ob er eine Freundin hat, weiß ich nicht. Beinahe täglich gehe ich in die Kirche und bitte Gott um Hilfe, bisher vergeblich. Immer wieder verspricht mir Peter, mit allem aufzuhören. Einmal war er schon auf Entzug, auch das war vergeblich.« Jetzt rollten über Erikas Wangen Tränen. »Wie sieht Peter deiner Ansicht nach seine Situation?«, fragte ich Erika. »Wenn ich ihn anspreche, reagiert er immer öfter richtig aggressiv. Seit Jahren geht er nicht mehr mit mir am Sonntag in die Kirche. Was mache ich falsch? Wenn die Kinder etwas größer wären, würde ich ihn sofort verlassen.« In den müden Augen von Erika erkannte ich eine große Hoffnungslosigkeit. »Erika, du kannst Peter nicht ändern. Bitte verstehe mich nicht falsch: Um einen wirklich guten Rat geben zu können, würde ich gerne auch mit Peter sprechen, denn er hat sicher seine eigene Sicht bezüglich seiner Probleme. Vergiss nicht, Erika, für Gott ist alles möglich, auch für eure Beziehung, wenn damit nicht das ewige Heil gefährdet wird. Eure Probleme sind heftig, trotzdem sind sie nur eine Herausforderung und eine Aufgabe. Kannst du bitte versuchen, Peter zu überzeugen, zu mir zu kommen?« – »Ich werde Peter darum bitten. Wenn er gut drauf ist, ist es möglich, ansonsten sicherlich unmöglich.«

Wir vereinbaren, dass Erika mich zu jeder Zeit anrufen konnte. Sie wusste auch, dass ich noch drei Tage vor Ort war. Am zweiten Tag nach unserem Gespräch rief Erika an und sagte: »Gott hat ein Wunder gewirkt. Peter ist bereit, wir können in einer halben Stunde bei dir sein.« Diese halbe Stunde nutzte ich noch in der Kapelle, um für das bevorstehende Gespräch zu beten. Pünktlich kamen Peter und Erika. Ich bat Erika, mit Peter allein sprechen zu dürfen, und forderte sie auf, sie möge inzwischen in der Kapelle für die Situation beten. Peter erzählte mir sodann, ohne zu zögern, dass er gefangen sei in seiner Sucht und sich von ihr befreien möchte, jedoch die Kraft dazu nicht aufbringen könne. Als ich Peter fragte, ob er bereit sei, in der Gegenwart von Erika zu erzählen, wie er in diese Sucht geraten sei und wie es ihm derzeit gehe, zögerte er. Nun erklärte ich ihm, dass es nicht darum gehe, jemanden zu verurteilen, sondern vielmehr darum, dass er und Erika die Sicht des jeweils anderen kennenlernten. Nur so konnte ein Weg für eine mögliche Lösung erkennbar werden. Nun stimmte Peter zu.

Ich holte Erika zu uns und erklärte: »Erika, Peter hat jetzt den Mut, seine Geschichte zu erzählen, wie er zu den Drogen kam, und auch seine derzeitige Situation zu schildern. Es geht nicht darum, Schuldzuweisungen zu machen, sondern vielmehr darum, was Peter oder du selbst ändern könntet, damit ihr eine Chance habt, wieder eine glückliche Ehe zu führen. Bist du bereit, Erika, Peter einfach zuzuhören, egal was er sagen wird?« Als Erika zustimmend nickte, begann Peter zu erzählen: »Wir hatten eine sehr gute Ehe, wir liebten uns und wir sorgten füreinander. Als jedoch das erste Kind zur Welt kam, stand das Kind im Mittelpunkt. Versteht mich bitte nicht falsch, ich liebe unsere beiden Kinder. Es war für mich eine Einschränkung in der bisher erlebten Zuwendung von Erika. Damit konnte ich mich irgendwie arrangieren, indem ich mir Hobbys suchte. Als jedoch unsere zweite süße Tochter zur Welt kam, galt die ganze Aufmerksamkeit den Kindern. Ich hatte nur noch das Gefühl, Sklave der Familie zu sein, indem ich Geld verdiente. Unsere Eltern und Verwandten wohnen weit weg, daher musste Erika alles allein für die Kinder tun. Ich fand Freunde, die mir nicht guttaten, eine kurze Zeit hatte ich auch eine Freundin. Da waren wir kurz vor einer Scheidung«, kam es etwas leise über die Lippen von Peter. Ich merkte, dass Erika etwas sagen wollte, gab ihr jedoch ein Zeichen, zu schweigen. So fuhr er fort: »Diese Freunde gaben mir Drogen, damit ich gut drauf sein konnte, sagten sie. Ich weiß, dass es falsch ist, aber ich kann nicht mehr anders. Immer öfter bleibe ich länger weg von zu Hause, weil ich es nicht aushalte, mit anzuschauen, was ich durch meine Sucht zerstöre.« Sehr zögerlich und kurz blickte Peter Erika an und sagte schließlich: »Es gibt ein paar Dinge, Erika, die ich ertragen habe, ohne es dir jemals zu sagen.« Erika antwortete in einem liebevollen Ton: »Peter, du kannst, nein, ich bitte dich, sag einfach alles, was du auf dem Herzen hast.« – »Erika, ich fühle mich oft von dir überfordert. Ich weiß, es ist meine Schuld, dass ich es dir nicht in der jeweiligen Situation gesagt habe. Wenn du ein Problem hast, rennst du in die Kirche. So gehst du mit Problemen um, ist o. k., aber wo bleibe ich? Wenn ich nicht gleich verstehe, was du meinst, bist du rasch verärgert und änderst wieder deine Ansicht. Ich kann deinen Gedanken nicht so schnell folgen. Ich habe das Gefühl, du läufst mir davon, dann laufe ich davon und gehe zu meinen Freunden.«

Nach einer längeren Pause sagte Peter, dass er jetzt seine Fehler ganz gut erkenne, dass er aber nicht so einfach aus seiner Haut herauskönne. Vermutlich gehe es Erika nicht anders. Bei Erika flossen die Tränen nur so über die Wangen. Sie umarmte Peter, er nahm sie in den Arm, beide sahen mich an und fragten mich, was sie tun könnten. »Ich denke, ihr habt eine gute Chance, wieder glücklich zu werden, vorausgesetzt, ihr achtet auf ein paar Punkte: Akzeptiert die Situation, wie sie ist. Macht euch keine Vorwürfe und redet miteinander, wenn etwas danebengeht. Versucht, auch wieder miteinander zu beten, aber zwingt euch zu keinen religiösen Aktivitäten. Besonders wichtig scheint mir, dass ihr euch mindestens einmal wöchentlich sagt, dass ihr euch vertraut, und vertraut auf Gottes Hilfe. Erika, bitte gib Peter die Chance, dir gedanklich folgen zu können, und du, Peter, gehst morgen zu einem Fachmann, der dir hilft, einen Entzug durchzustehen. Gott liebt und begleitet euch.« Ich gab Peter meine E-Mail-Adresse und bat ihn, mir wöchentlich zu schreiben, wie es seiner Familie gehe. Nach einem halben Jahr bestätigte mir auch Erika, dass ihr Glück noch nie so groß war, wie es jetzt ist.

Mein Kind wurde ermordet – seither ist mein Leben vorbei

Am Rande von Düsseldorf bin ich zu einem Vortrag eingeladen. Wie meistens ist der Saal mit interessierten Zuhörern gefüllt. Wenn ich von meinen Erfahrungen erzähle, ist es immer sehr still, man hört außer meiner Stimme keinen Laut. Nach wenigen Minuten geht die Tür auf. Zwei sehr gut gekleidete Damen treten ein, holen auf der Seite zwei frei stehende Stühle und setzen sich damit direkt in die Mitte vor die anderen Besucher. Im Grunde stört mich so etwas nicht, auch diesmal spreche ich unbeirrt weiter, dennoch fällt mir auf, dass es jetzt im Saal noch etwas stiller geworden ist, fast so, als würden einige Leute die Luft anhalten. Irgendwann komme ich im Verlaufe meines Vortrages zum Thema »Versöhnung«. Als ich erkläre, warum für das ewige Leben eine totale Versöhnung notwendig ist, dass dies aber auch für ein gutes Leben hier auf Erden wichtig ist, steht eine dieser beiden Damen auf und fragt mich: »Herr Atzmüller, wissen Sie, wer hier neben mir sitzt?« Als ich verneine, spricht die Dame weiter: »Hier sitzt eine Frau, deren zweijährige Tochter vor fast drei Jahren ermordet wurde. Sie sagen praktisch, dass sie dem Mörder vergeben soll. Das ist doch eine Unverschämtheit!« Im Publikum macht sich ein zustimmendes Murren bemerkbar. Nun versuche ich zu erklären, dass der Mensch, der vergibt, doch den größten Vorteil durch eine Versöhnung gewinnt. Das wird Einigen zu viel und wütende Zurufe werden häufiger. Nun gehe ich zu der betreffenden Mutter hin und sage: »Werte Frau, können Sie sich vorstellen, dass Ihre Tochter im Himmel sich nichts mehr ersehnt, als dass Sie auf dieser Erde glücklich sind, somit auch das Glück Ihrer Tochter im Himmel vollkommen wird?« Die Rufe im Publikum werden noch lauter und bedrohlicher. Soll ich wirklich flüchten?

Da steht diese Dame auf und sofort herrscht im Saal wieder eine absolute, aber gespannte Stille und die Dame sagt: »Herr Atzmüller, ich danke Ihnen für Ihre kostbaren Worte. Seit dem Tod meiner Tochter suche ich Trost in der Kirche, laufe verzweifelt von einem Priester zum anderen, niemand konnte mir helfen. Sie haben mir jetzt geholfen, jetzt kann ich glauben, dass Gott mir hilft. Danke.« Tief bewegt durch die Reaktion der Frau gehen alle Zuhörer nachdenklich und auch froh nach Hause.

Die Kirche ist so fad, wozu überhaupt in die Kirche gehen?

Vor wenigen Wochen schrieb mir ein junger Familienvater namens Friedrich: »Josef, ich bin aus der Kirche ausgetreten. Ich glaube nach wie vor an Gott, aber die Gottesdienste sind so fad und man sieht fast nur traurige Gesichter in der Kirche. Ich habe nicht das Gefühl, dass die Kirche mir etwas geben kann. Es geht mir auch ohne Kirche ganz gut.« Er schrieb mir, weil er noch immer meine Rundbriefe per E-Mail bekam, die seiner Meinung nach ganz spannend sind.

Zuerst schockierte mich diese Nachricht. Dann dachte ich, dass Friedrich sich immerhin die Mühe gemacht hatte, mir zu schreiben. Auch ein Priester sagte mir, dass sich über neunzig Prozent der Jugendlichen nach der Firmung praktisch von der Kirche verabschiedeten.

Ohne lange nachzudenken, rief ich Friedrich am Abend an: »Hallo, Friedrich, du hast mir eine interessante E-Mail gesandt. Ich brauche deine Hilfe, hast du ein paar Minuten Zeit für mich?« – »Josef, ich dachte, du bist auf mich sauer, wenn ich dir helfen kann, gern.« – »Friedrich, du bist ja nicht allein mit deiner Erfahrung in der Kirche. Kannst du mir Gründe nennen, warum heute kaum mehr junge

Menschen in die Kirche gehen?« – »Wenn es dir hilft, gern«, antwortete Friedrich und legte los: »Bis zur Erstkommunion ist ja alles o. k., aber der Religionsunterricht ist total fad. Die Religionslehrerin spricht von irgendeiner Theologie und sagt, dass man die Bibel nicht wörtlich nehmen darf. Dadurch werden die ganzen Geschichten aus der Bibel unglaubwürdig, sind also nur noch fad. Beim Gottesdienst hört man immer dieselben Lesungen, die angeblich eh nicht wahr sind, und bei den Predigten drückt der Priester meist nur auf die Moral. Mir reicht's. Was hat das mit Gott zu tun? Was soll das uns Menschen bringen? Ich lebe ohne Kirche mindestens genauso gut.« – »Friedrich, das klingt für mich sehr hart. Du warst ja auch einmal Ministrant, du kennst doch die heilige Messe.« Darauf antwortete Friedrich: »Kennen ist gut ausgedrückt. Ich weiß, wann ich bei der Messe was zu tun hatte. Ich weiß, dass es einen Bußakt, eine Opferung, eine Wandlung, die Kommunion und einen Schlusssegen gibt. Aber warum in dieser Abfolge und was mir das bringen soll, hat mir noch nie jemand erklärt. Na ja, vielleicht hat es jemand vor der Erstkommunion einmal erklärt.« Ich antworte: »Friedrich, du hast mir wirklich sehr geholfen. Gibt es noch etwas Wichtiges aus deiner Erfahrung?« Spontan sagte Friedrich: »Da fällt mir noch die Beichte ein: Diese meist sinnlose Unterhaltung mit dem Priester und seine oft unbrauchbaren Ratschläge gingen mir meist gegen den Strich. Ich habe gehört, dass es diese sinnlose Beichte eh nicht mehr gibt. Ich mache mit Gott heute alles selbst aus.« – »Friedrich, darf ich dich noch etwas fragen? Kannst du dir vorstellen, wenn der Priester hin und wieder einen Teil der heiligen Messe bei der Predigt erklären würde, dass dies bei den Leuten in der Kirche mehr Verständnis und vielleicht auch Neugierde erwecken könnte?« Darauf antwortete er:

»Ich bin mir nicht sicher, ob es bei den traurigen Gestalten in der Kirche noch etwas bringen würde, bei manch anderen sicherlich schon. Bringen würde es etwas, wenn die Leute danach mit strahlenden Gesichtern aus der Kirche kämen. Noch etwas: Das schlechte Reden über andere, über nicht anwesende Menschen, nach der Kirche macht die ganze Kirche unglaubwürdig.« – »Friedrich, ich danke dir für deine ehrliche Meinung. Darf ich für dich beten? Darf ich dir ein paar Bücher per Post zusenden und dich um einen Kommentar bitten?«

Leider ist die Verbindung zu Friedrich durch seinen Umzug in eine andere Stadt abgebrochen.

Mystische Erfahrungen machen Probleme

Eine Frau Mathilde kommt nach einem Kirchenbesuch auf mich zu und bittet um ein Gespräch wegen ihres Mannes, der mystische Erfahrungen macht und zu dem Gott manchmal spricht, wodurch er große Schwierigkeiten hat.

Ich kann hier nur eine Stellungnahme abgeben, bezogen auf meine persönlichen Erfahrungen. So erzähle ich ihr, dass mich niemand ernst nahm, als ich über meine Erfahrungen erzählen wollte. Daher sprach ich viele Jahre lang nicht darüber, bis mir klar wurde, dass die Menschen dies nicht verstehen können, ohne selbst derartige Erfahrungen gemacht zu haben. Dem Betreffenden muss es daher völlig egal sein, wie die Menschen in ihrer Verlegenheit reagieren: Die einen tun so, als hätte man nichts gesagt, andere machen sich darüber lustig. Mir geht es heute nicht mehr darum, dass die Menschen mich verstehen müssen, sondern dass ich aus Liebe zu Gott, ohne mich aufzudrängen, mein Zeugnis gebe. Ich vertraue darauf, dass ich selbst gar nichts bewirken kann, sondern

Gott durch mein Zeugnis wirkt, egal wie die Menschen reagieren. Es ist sogar von Vorteil, wenn sie sich eher ablehnend verhalten. Dadurch ist es für mich viel leichter, in der Demut zu bleiben und meinen Stolz nicht wachsen zu lassen. Oft erlebe ich, dass Menschen mich erst viel später wegen meiner mystischen Erfahrung ansprechen. Da ich weiß, dass ich verrückt nach Gott bin, habe ich auch weniger Probleme mit ablehnenden Haltungen von Zuhörern. Zum Schluss bat ich sie: »Sagen Sie Ihrem Mann liebe Grüße von mir und wenn er Fragen hat, soll er mich einfach ansprechen.«

Was bringt uns der Glaube?

Franz kommt etwas verärgert zu mir und sagt: »Josef, du hast gesagt, dass Glaubenszeugnisse wichtig sind und dass sich der Glaube nur so ausbreiten kann. Ich habe in der Firma ein Zeugnis gegeben und wurde verwarnt. Beim nächsten Mal wird mir gekündigt. Es wird Zeit, dass ich aufhöre, fromm zu sein. Es bringt ja eh nichts, genauso wenig wie beten.« – »Franz, das ist jetzt aber nicht wirklich dein Ernst! Ohne Glauben bleibt uns nur der Egoismus, es uns in dieser Welt gut gehen zu lassen, und alle Probleme und auch Leiden wären dann völlig sinnlos. Du weißt genau, dass wir, unabhängig von den staatlichen Gesetzen, auch noch andere Regeln brauchen. Die Nächstenliebe wird doch am stärksten, wenn wir im Nächsten auch Gott sehen. Entweder hast du dich mit deinem Zeugnis aufgedrängt, sodass sich jemand belästigt fühlte, oder vielleicht ist es auch ein Zeichen dafür, dass du den Arbeitgeber wechseln solltest.« – »Josef, du meinst, ich darf meine Meinung zur Abtreibung nicht sagen? Darum ging es nämlich.« – »Doch, dazu solltest du tatsächlich deine

170

Meinung sagen, aber in einem Ton, der nicht zweifeln lässt und dennoch den anderen akzeptiert.« – »Jetzt kenne ich mich überhaupt nicht mehr aus. Was willst du mir sagen?« – »Franz, jeder Mensch ist einmalig, jeder Mensch ist von Gott geliebt. Daher ist auch jeder Weg zu und mit Gott unterschiedlich. Wenn du als bekannt eifrig praktizierender Christ andere wegen ihres Fehlverhaltens verurteilst, dann werden sie vom Christentum nicht sehr begeistert sein.« – »Josef, stopp, du weißt auch, dass wir dazu nicht schweigen dürfen!« – »Franz, ich gebe dir eine mögliche Alternative, wie ich eine Diskussion darüber für gut halte: Ich kann akzeptieren, dass ein Mensch aufgrund seiner Lebensumstände keinen anderen Ausweg mehr sieht als eine Abtreibung und sie tatsächlich auch durchführen lässt. Dennoch sehe ich jedes neue Leben als eine besondere Kostbarkeit für die Familie und für die ganze Menschheit. Daher ist auch kein Preis für ein neues Kind in unserer Mitte zu hoch.« – »Josef, verstehe ich dich richtig, dass es besser ist, den anderen Menschen zu akzeptieren, ohne mit seiner Handlung einverstanden zu sein?« – »Ja, Franz, so verstehe ich Jesus, wenn er sagt: ›Liebt einander und verurteilt nicht.‹ Bedenke, du kannst einen Rat geben, aber niemals die Verantwortung für eine Entscheidung eines anderen Menschen übernehmen. Dazu kommt, dass ich alles immer nur aus meiner Erfahrung beurteilen kann und niemals aus der Erfahrung des Betroffenen.« – »Jetzt hast du mir wirklich die Augen geöffnet. Ich habe nicht bedacht, dass ich mit meiner direkten Art nicht nur den Menschen unrecht tun kann, sondern dabei auch noch dem Image der Kirche schade. Ohne Liebe ist offenbar alles nichts. Lieblosigkeit ist schlimmer als ich dachte. Komm mit, ich lade dich zu einem Bier ein, diese sanfte Belehrung ist es mir wert.«

Wann hilft beten?

Bei einem Vortrag in Neusiedl steht eine etwas ältere Frau auf und sagt: »Seit vielen Jahren bete ich täglich mindestens fünf Rosenkränze, ist das genug? Trotzdem werden nicht alle Anliegen erhört, viel mehr kann ich jedoch nicht beten, mehr Zeit habe ich nicht.« – »Fünf Rosenkränze neben der Arbeit brauchen doch sehr viel Zeit. Ich glaube, ich würde es nicht schaffen. Wenn Sie mich fragen, ob es genug ist, muss ich zwei Antworten geben: Ja und Nein. Ja deswegen, da die Wirkung des Gebetes nicht primär von der Anzahl der Gebete abhängt, sondern vom Vertrauen, das wir zu Gott haben. Je stärker das Vertrauen ist, umso eher vollbringt Gott auch Wunder. Wichtig ist auch, dass ein Gebet mit dem Herzen gebetet und nicht nur aufgesagt wird. Nein, es ist nicht genug, fünf Rosenkränze zu beten, wenn ich an die Worte des Apostels Paulus denke, der sagt: ›Betet ohne Unterlass‹, praktisch 24 Stunden am Tag. Wie soll dies gehen?, fragte ich mich jahrelang. Da kam mir eines Tages ein Büchlein der heiligen kleinen Therese zu Hilfe. Sie sagt, das Gebet bestehe aus über neunzig Prozent darin, dass wir uns der Gegenwart Gottes bewusst sind. Texte machen kaum mehr als fünf Prozent aus. Man kann es üben, die Gegenwart Gottes immer auch im Kopf präsent zu haben. Anfangs habe ich mich schwergetan, inzwischen geht es bedeutend besser. So wird alles, was ich tue, zum Gebet. Dies ist eine wunderbare Lösung, trotzdem sind für mich fixe Gebetszeiten am Morgen, am Abend und zu jeder Mahlzeit von großer Bedeutung. Am Morgen danke ich Gott für den neuen Tag, an dem ich wieder Freude in die Welt bringen darf. Wichtig in der Morgenstunde ist mir auch, dass ich Jesus für seine Liebe am Kreuz danke, dass er für mich gestorben ist und für mich sein Blut vergossen hat. Da nehme ich dieses kostbare Geschenk auch in Anspruch und ziehe mit seinem kostbaren Blut in seinem Namen eine Linie um mich und alle, die zu mir gehören. Ich vertraue darauf, dass Jesus mit seinem Blut alles beschützt, heilt und heiligt. Am Abend betrachte ich während des Gebetes den ganzen Tag und übergebe diesen in die Hände Gottes. Alle Gefühle, alle Gedanken und Worte, alle Menschen, die an mich gedacht haben, alle, an die ich dachte und denen ich begegnet bin, lege ich in Gottes Hände mit dem Vertrauen, mehr noch mit der Gewissheit, dass in den Händen Gottes alles zum Segen wird, selbst die größte Sünde. Zuletzt, kurz vor dem Einschlafen, lege ich meinen Geist in die Hände des Vaters und vertraue darauf, dass selbst mein Schlaf ein Gebet ist. – Gott erhört alle Gebete, erfüllt jedoch nur jene Wünsche, die auch dem ewigen Heil dienen.« Darauf antwortet diese auf mich sehr fromm wirkende Frau: »Jetzt ist mir ein großer Stein vom Herzen gefallen. Ich dachte immer, ich müsste unbedingt noch mehr Rosenkränze beten, stattdessen werde ich jetzt beginnen, ohne Unterbrechung beten zu lernen.« Ihr Lächeln bei diesen Worten erfüllt mich mit großem Frieden. Gott hat diese Frau durch meine Worte berührt.

Warum haben manche Menschen so viel Leid zu ertragen?

Hilda schreibt mir einen erschütternden Brief:

»Josef, ich möchte dich erneut ersuchen, für meine Freundin Maria zu beten. Vielleicht erinnerst du dich an sie. Ich habe sie sogar einmal zu einem deiner Vorträge in die Pfarre Josefstadt gebracht. Sie ist die Tochter meines ehemaligen Chefs und hatte im Leben sehr viel zu leiden. Zweimal wurde sie an einem Tumor im Kopf operiert und dann starb 2005 ihr erst 39-jähriger Mann an einem Aneurysma, trotz aller medizinischen Hilfeleistung, die ihm geboten wurde. Sie blieb mit ihrer Krankheit und zwei minderjährigen Kindern (damals sechs und elf) zurück. Da ihr Vater Anhänger des Kommunismus war und noch immer ist, ist sie in einem Umfeld von Gottlosigkeit aufgewachsen. Sie wurde heimlich getauft und durfte sogar in der Kirche heiraten, da ihr Mann eher gläubig war. Jetzt ist sie keine praktizierende Christin, aber sie sagt, sie glaube an Gott. Jedoch war sie damals sehr böse auf Gott, da sie sich von ihm im Stich gelassen fühlte. Ihre Frage lautete damals: Wieso lässt Gott so etwas zu? Sie führten eine Bilderbuchehe und liebten sich so sehr, wogegen andere ihre Ehepartner betrügen und die Kinder im Stich lassen und trotzdem fröhlich weiterleben, damit sie anderen noch mehr Schaden zufügen können.

Zehn Jahre danach suchte sie mich unlängst auf und erzählte, dass der Tumor bei ihr vor circa anderthalb Jahren mit voller Wucht zurückgehrt war. Deshalb musste sie dringend operiert werden. Dann folgten Chemotherapie und Bestrahlung, ein schreckliches Leiden. Die Ärzte hatten ihr damals schon gesagt, dass er vermutlich wiederkommen würde und dass man dann nichts mehr tun könnte. Sie haben ihr weniger als ein Jahr an Lebenszeit gegeben. Der letzte Befund hat nun gezeigt, dass der Tumor wieder wächst. Morgen bekommt sie einen neuen Befund. Sie stellt wieder diese Frage, warum ihre Kinder vaterlos aufwachsen mussten und ihnen jetzt auch noch die Mutter genommen werden soll? Auch der Vater von Maria musste viel Leid ertragen und hat schon viele Operationen über sich ergehen lassen müssen. Der Vater kann und will nicht an einen Gott glauben, denn er sagt: ›Wenn Menschen so viel Leid ertragen müssen, kann es keinen barmherzigen Gott geben.‹ Josef, ich danke dir für dein Gebet. Es wäre wunderbar, wenn Gott meine Freundin in seiner unendlichen Barmherzigkeit heilen würde. Es wäre vielleicht auch eine Wende für die ganze Familie im Glauben. Danke, Bruder Josef, jetzt habe ich mein Herz ausgeschüttet. Es ist nicht einfach, so etwas mitzutragen, und erst recht nicht, so ein Kreuz selbst zu tragen … Selbst Papst Franziskus sagt, er fürchte Schmerzen!«

Warum ist so viel Leid in dieser Familie? Genau werden wir es nicht ergründen können. Im Gebet spüre ich unzählig viele Vergehen der Vorfahren in den Kriegen. Die Nachkommen sind erwählt, den Verstorbenen mit ihren Leiden zu helfen; den Verstorbenen zu helfen, ihre schwere Schuld zu bekennen, ohne sie dabei zu verurteilen, damit sie in den Himmel aufgenommen werden können.

Papst Franziskus sagt auch, dass wir in den Leidenden auch dem leidenden Jesus begegnen und dienen. Maria und ihr Vater sind unabhängig von ihrem Glauben zur Heiligkeit berufen und als Miterlöser für ihre Vorfahren erwählt. Hilda verspreche ich mein Gebet für Maria und ihre Familie. Noch am selben Tag lege ich sie bei der heiligen Messe in das Opfer Christi und bin dabei voll Vertrauen, dass Jesus sie zur Auferstehung mitnimmt. Jetzt, wo ich diese Zeilen schreibe, lebt Maria noch unter uns.

Gott geht mit jedem Menschen einen Weg

Andrea kann nicht verstehen, dass ihre Kinder vom Glauben nicht sonderlich begeistert sind, dass jedoch die Kinder der Nachbarn – einer evangelischen Familie auf dem Papier, die aber eher ungläubig ist – zum katholischen Glauben konvertierten und begeistert davon sind. Sie fragt sich: »Was haben wir falsch gemacht? Wir haben uns doch bemüht, den Glauben weiterzugeben. Ich beneide die Nachbarn. Kann ich irgendetwas wiedergutmachen?« – »Andrea, was willst du konkret wiedergutmachen?« – »Josef, irgendetwas muss die Kinder doch vom Glauben abhalten.« – »Ja, da gibt es eine große Zahl von Möglichkeiten wie Handy, Fernsehen, Kino, schlechte Freunde, schlechte Erfahrungen und vieles mehr.« – »Das werde ich bei unseren Buben nur begrenzt beeinflussen können. Eigentlich muss ich mich ja nicht darüber wundern. In unserer Verwandtschaft gibt es viele Probleme, seit die Großeltern ihren Besitz auf die Kinder übertragen haben. Jeder fühlt sich benachteiligt. Es wird kaum noch miteinander geredet und wenn überhaupt, dann nichts Gutes.« – »Andrea, du vertraust doch der Führung Gottes, hast sie auch schon mehrmals erfahren, auch in deiner Ehe. Warum sollen deine Buben, die jetzt in der Pubertät sind, später nicht auch wieder lieber zur Kirche gehen als zurzeit? Druck zu machen oder sie gar dazu zu zwingen, macht alles nur schwieriger. Die Kinder gehören eben nicht uns. Wir müssen lernen, sie loszulassen. Sie dürfen Fehler machen, damit sie daraus etwas lernen. Meine Mutter sagte immer wieder: ›Früher oder später werden die Kinder wie die Eltern, auch wenn sie dies nicht wollen.‹ Ihr seid doch tolle Vorbilder, also werden auch die Kinder einmal entsprechend sein.« – »Josef, genau damit habe ich jetzt ein Problem. Schau die Kinder der Nachbarn an. Du wirst doch nicht sagen wollen, dass sie wieder ungläubig werden.« – »Das glaube ich nicht, Andrea. Sie haben sich von Gott tief berühren lassen und so wird er sie auch weiterhin führen, damit sie den Glauben nicht wieder verlieren. Vielleicht brauchen eure Kinder kein derartiges Bekehrungserlebnis, sondern gehen ihren Weg auf eine andere Art. Der Weg zu Gott ist wie eine Bergwanderung: Jeder Mensch ist woanders unterwegs, der eine nimmt gerade einen steilen Anstieg, der andere geht ein Stück bergab, bis er wieder auf den Weg nach oben gelangt.« – »Josef, ich sollte wirklich alles viel gelassener sehen, mehr Gottvertrauen kann ich wirklich gebrauchen. Vielleicht brauche ich diese Enttäuschung, damit ich meinen Weg wiederfinde.«

Was ist Sünde, praktisch betrachtet?

Cara sieht mich am Pfarrhof vorbeigehen, kommt heraus und ruft mir zu: »Josef, hast du kurz Zeit? Wir haben eine Glaubensrunde und der Herr Pfarrer musste dringend wegfahren. Wir haben hier eine Diskussion über die Sünde und kommen nicht weiter. Könntest du uns deine Ansicht darlegen?« Cara kennt mich ganz gut und versteht es, mich rasch zu gewinnen. So gehe ich mit ihr zu dieser Glaubensrunde.

Einer der Teilnehmer sagt gleich zu Anfang: »Ich verstehe die ganze Aufregung nicht. Es ist doch klar geregelt, was eine lässliche, eine schwere und was eine Todsünde ist.« Cara sieht mich an und führt das Gespräch weiter: »Josef, bitte, sag du uns deine Ansicht. Diese Auslegung ist doch eine rein theologische und für einige von uns nicht wirklich praktisch verständlich.«

Nun, da der Herr, der vorher gesprochen hat, zustimmend nickt, beginne ich meine Erklärung: »Die Definition der Kirche wurde ja schon erwähnt. Die Zehn Gebote sind eine sehr praktische Anleitung, wobei die ersten beiden ja die Grundlage überhaupt bilden.« Ungeduldig wirft Cara ein: »Josef, diese Erklärungen kennen wir schon, bitte deine persönliche Ansicht.« – »Es geht in unserem Glauben immer um die Liebe. Gott selbst ist die Liebe und daher ist für mich alles Sünde, was diese Liebe verletzt.« Peter sagt jetzt betroffen: »Das hört sich ja noch viel strenger an als in der Kirche.« – »Ja, das ist es auch, Gott jedoch, der die vollkommene Liebe ist, erträgt auch alles. Mehr noch, wenn wir unser Versagen bekennen, macht er aus unserem Mist sogar noch einen guten Dünger.« – »Es liegt tatsächlich in unserer Hand, ob unser Tun und Wirken dem Heil dient oder nicht?« – »Ja, es bedarf lediglich unserer Demut, damit die Sünde ganz praktisch ihre zerstörerische Kraft verliert und uns dient.« Der Ausdruck auf den Gesichtern in der Runde ist unterschiedlich, von ganz befreit bis absolut ungläubig. So verlasse ich etwas schmunzelnd die Gruppe, die vor lauter neuen Betrachtungsmöglichkeiten mein Gehen gar nicht bemerkt.

Der Wille Gottes

Karl ruft mich an einem sonnigen, traumhaften Tag an. Ich bin gerade dabei, das Haus zu verlassen und zum Auto zu gehen, um auf die Tauplitz zu fahren, eine wunderschöne Hochebene mit vielen Möglichkeiten zum Wandern. »Josef, ich brauche dringend deine Hilfe. Meine Frau macht mich noch verrückt: Sie fragt ständig danach, was der Wille Gottes ist, und kann deshalb kaum eine notwendige Entscheidung treffen.« – »Karl, ich bin soeben dabei, auf die Tauplitzalm zu fahren. Ich habe meine Sachen schon gepackt und möchte dort den ganzen Tag verbringen. Für euch ist es doch nur die halbe Strecke. Lass uns gemeinsam eine Wanderung machen.« – »Du meinst, Anna sollte auch dabei sein?« – »Natürlich, da können wir uns doch gemeinsam über den Willen Gottes in seiner wunderbaren Schöpfung unterhalten.« – »Ich glaube, dazu kann ich Anna überreden. Wir warten auf dich am Ende der Bergstraße beim zweiten großen Parkplatz.«

Als ich nach mehr als zwei Stunden Autofahrt am vereinbarten Ort eintreffe, liegen Anna und Karl bereits in der Sonne. Die Tauplitzalm ist ein Hochplateau auf ungefähr 1600 bis 2000 Meter Höhe. »Hallo, ihr zwei Sonnenhungrigen, habt ihr schon eine Wanderroute gewählt?« Anna hat eine Wanderkarte in der Hand und sagt: »Zum Essen haben wir genug mitgenommen. Wir brauchen also nicht unbedingt in eine Hütte gehen. Mir wäre es lieber, wenn wir auch keinen Gipfel besteigen und keine Klettertour machen. Für einen Rundgang um alle sechs Seen einschließlich einer Pause brauchen wir fünf bis sechs Stunden. Das wäre doch ganz nett. Was meint ihr?«

Wir haben keine Einwände und so gehen wir los. Diese Bergseen haben ein ganz klares Trinkwasser und in fast allen gibt es auch Fische. Um zum Thema zu kommen, beginne ich: »Offenbar ist es der Wille Gottes, dass wir heute diesen wunderbaren Flecken auf unserer Erde gemeinsam bewundern können.« Anna reagiert sofort: »Ich weiß nicht so recht, denn eigentlich habe ich ein schlechtes Gewissen. Vielleicht entspräche es eher dem Willen Gottes, wenn ich zu Hause geblieben wäre und meiner Mutter bei der Beerenernte geholfen hätte. Sie ist nicht mehr die Jüngste.« Karl sieht mich vielsagend an. Nach einer Weile antworte ich: »Schon möglich.« – »Was heißt: schon möglich? Du sagst es so, als hätte es keine Bedeutung. Es ist doch unsere Aufgabe, den Willen Gottes zu tun!« Anna gebe ich keine direkte Antwort, hingegen sage ich zu Karl: »In etwa fünfzehn Minuten sind wir beim Großsee. Von dort aus könnten wir gleich weiter zum romantischen Märchensee gehen. Es dauert nur fünf Minuten. Wenn ihr Lust habt, machen wir dort eine Pause und unterhalten uns ein wenig über den Willen Gottes. Geht das in Ordnung, Karl?« Karl kennt Anna und sagt daher gelangweilt: »Wenn es sein muss, reden wir halt über den Willen Gottes. Danach muss ich aber unbedingt noch über unsere geplante Gamsjagd reden.«

Am Märchensee angekommen, suchen wir ein bequemes Plätzchen zum Sitzen und Liegen. Anna beginnt das Gespräch: »Nun, Josef, was ist aus deiner Erfahrung der Wille Gottes?« – »Es gibt da einige Punkte für mich, die ganz klar sind. Dann gibt es vielleicht auch Punkte, die etwas vage sind.« Karl platzt heraus: »Ganz klar sind die Gebote!« Anna meint daraufhin: »So einfach ist es nicht, denn was steckt alles hinter den ersten beiden Geboten? Hätte ich nicht aus Nächstenliebe meiner Mutter helfen sollen?« Darauf Karl: »Anna, weißt du, ob deine Mutter überhaupt deine Hilfe will? Natürlich nimmt sie diese aus Höflichkeit an.« – »Ich werde meine Mutter wohl besser kennen als du«, reagiert Anna sauer. »Stopp, ihr beiden, in einem bin ich mir sicher, Gott will nicht, dass ihr jetzt streitet. Anna, die Frage, ob deine Mutter sich beim Beerenpflücken eine Unterstützung wünscht, ist legitim, wenn die Mutter dich nicht darum gebeten hat.« – »Du meinst, dass die Frage nach dem Willen Gottes sich in diesem Punkt gar nicht stellt, falls es nicht der Wunsch meiner Mutter ist?« – »Aus meiner Sicht wäre es gut, wenn du deine Mutter fragen würdest, ob und wann sie diese Unterstützung haben will. Nun, die Gebote sind eine wichtige Orientierung. Sicherlich entspricht es dem Willen Gottes, wenn wir seine Liebe auch annehmen.« – »Wie soll das denn gehen?«, fragt Karl. »Es gibt im Leben angenehme und unangenehme Situationen. Oft mutet uns Gott etwas zu. Gerade diese Zumutungen sind sehr unangenehm und dennoch sehr wichtig für uns.«

»Josef, dass der Tod der dreizehnjährigen Melanie für Melanies Eltern wichtig war, kann nicht dein Ernst sein.« – »Warum nicht, Karl? Woher sollen wir wissen, was wirklich gut für uns ist? Ist das nicht die Ursünde überhaupt, ständig wissen zu wollen, was für uns gut ist oder nicht? Sehr oft verwechseln wir angenehm mit gut, denn angenehm muss noch lange nicht gut sein, schon gar nicht, wenn wir als Ziel das ewige Leben in der Liebe Gottes vor uns haben. Wenn es der Wille Gottes ist, dass wir in den Himmel kommen – davon gehen wir doch aus –, dann ist es auch der Wille Gottes, das wir für diese Geburt in die Ewigkeit vorbereitet werden.« Karl, der jetzt überrascht ist, fragt nach: »Du meinst, unsere Probleme sind notwendig, damit wir in den Himmel kommen?« – »Das Leben ist doch nichts anderes als eine Schule Gottes, damit wir an seiner Herrlichkeit teilhaben können.« – »Und was sollen wir da bitte schon lernen? Wenn ein Baby stirbt, hat es keine Zeit gehabt, etwas zu lernen.« – »Anna, so sehe ich das nicht. Das Baby braucht in der Zeit auf unserer Erde vielleicht nur etwas lernen, Geduld, weil die Eltern nicht sofort beim ersten Schrei reagieren. Das Wichtigste für uns ist, Demut und Gottvertrauen zu lernen. Übrigens, Geduld ist auch eine Form von Demut. Ohne Demut und Gottvertrauen kommt niemand in den Himmel.« Karl meint ganz enttäuscht: »Josef, ich kenne keinen einzigen Menschen, der diese Eigenschaften halbwegs lebt. Wichtig ist doch unser Stolz, zu wissen, wer wir sind und was wir besitzen. Den Himmel können wir vergessen.« – »Wir brauchen eben unsere Nöte und Probleme, damit es nicht hoffnungslos für uns ist. Den Rest lernen wir im Sterben, im Fegefeuer.«

Karl fragt etwas neugierig: »Du glaubst wirklich an das Fegefeuer?« – »Ja, es ist unbedingt notwendig, denn freiwillig geben wir unseren Stolz auf dieser Erde nicht auf. Ich kenne auch etwas, was Gott sicherlich nicht will.« –

»Ja, er will nicht, dass wir sündigen«, reagiert jetzt Anna etwas gelangweilt. »Das meine ich nicht, Anna. Gott will nicht, dass wir über andere Menschen Macht ausüben.« Anna bemerkt darauf: »Auch darüber könnten wir diskutieren. Aber was gibt es noch, was Gott nicht will?« »Gott will nicht, dass wir uns selbst Leid zufügen.« »Was soll das denn? So verrückt ist doch kaum jemand!« »Anna, ich sehe das anders. Stell dir vor, du müsstest auf dein Training im Fitness-Studio verzichten.« – »Bist du verrückt! Dort treffe ich alle vierzehn Tage meine besten Freundinnen. Eine andere Möglichkeit als Dienstagnachmittag haben wir nicht.« – »Stell dir weiter vor: Berta kommt vom Orchester und sagt, du musst jetzt für einige Zeit Bratsche spielen, weil niemand anders dafür infrage kommt. Vom Chor wirst du für diese Zeit freigestellt. Die Proben sind dienstags um siebzehn Uhr. Berta selbst muss ins Krankenhaus, Diagnose Krebs.« – »Ich würde antworten: Das geht überhaupt nicht, vor achtzehn Uhr kann ich von Salzburg nicht zurück sein und auf den Chor verzichte ich auf keinen Fall.« – »Wie würde es dir in einer derartigen Situation gehen, Anna?« – »Ich wäre mehr als verärgert und würde schließlich trotzdem zustimmen. Ich wäre traurig, vielleicht würde ich bei irgendjemandem auch Mitleid suchen. Sicherlich würde ich darunter leiden.« – »Aber Anna, das ist ein Leiden, welches du selbst produzierst.« Anna lacht und sagt: »Karl, Josef hat zu viel Sonne abbekommen.« – »Doch, Anna, ich bleibe dabei, denn wenn du die Veränderung aus Liebe ertragen würdest, müsstest du nicht leiden. Das Leid, welches du dabei empfindest, produzierst du selbst mit deinen Gedanken: Ich will das nicht, das mache ich nicht usw. Du könntest ja auch denken, dass Gott jetzt eine Veränderung in deinem Leben, in deinen Gedanken will oder dass Gott dir eine wunderbare Gelegenheit gibt, um die Demut für die Ewigkeit zu üben, damit du in den Himmel kommst.« – »Josef, jetzt reicht es. So heilig bin ich noch lange nicht. Kommt, lasst uns aufbrechen, wir haben noch einiges vor uns«, sagt Anna und lächelt dabei.

Wunder durch Gottvertrauen

Eines Tages kommt Hans verzweifelt zu mir: »Mein Leopold hat in der Schule null Bock. Ich habe schon alles versucht, es nutzt nichts. Meine Frau und ich sind am Ende mit unseren Nerven. Wir dachten, dass er einmal studieren wird und jetzt will er nicht einmal die Reifeprüfung machen. Am liebsten würde ich noch heute zur Stadtverwaltung gehen, um ihn dort für den Job eines Straßenkehrers anzumelden.« – »Hans, stopp, so etwas kenne ich. Kannst du dich an meinen Sohn Johannes erinnern?« – »Du meinst den Johannes mit seiner lieben Frau und den süßen Buben? Der hat doch Informatik studiert und hat auch einen tollen Job beim ORF und in der Pfarre hat er auch ein Wörtchen mitzureden.« – »Ja, ich meine Johannes. Wenn du etwas Zeit hast, erzähle ich dir, welche Sorgen wir mit Johannes hatten.« Hans nickt zustimmend und bittet mich um ein Glas Wasser. Danach beginne ich zu erzählen:

»Johannes ist sehr intelligent und sehr sensibel. In seiner Schulzeit konnte er es kaum ertragen, wenn Lehrkräfte ungerecht zu den Schülern waren. So musste er zweimal die Schule wechseln. Auf Händen wollte ich ihn tragen, damit er irgendwie die Reifeprüfung macht. Zwei Wochen vor dem Prüfungstermin kam er völlig aufgelöst nach Hause und sagte sehr aufgebracht: ›Ihr könnt machen, was ihr wollt: Ich gehe keinen Tag mehr in die Schule!‹ Es gab keine Chance, Johannes zu überreden, weiterzumachen. Wie sollten wir uns verhalten? Auf unsere Frage, warum er nicht mehr in die Schule gehen wolle, sagte er ziemlich aggressiv: ›Ich kann nicht mehr in die Schule gehen. Es gibt keine größeren Idioten als die Lehrer. Jetzt, wo wir Schüler unsere beste Leistung bringen sollen, machen sie extremen Druck und es geht gar nichts mehr.‹ Johannes drehte sich um und ging fort, ohne noch mehr zu sagen. Wir hatten keine Chance, die Situation irgendwie zu bereinigen. Ziemlich verzweifelt beschlossen meine Frau und ich, Johannes Gott zu übergeben, zu schenken. Bei einem der nächsten Besuche einer heiligen Messe war es so weit. Wir legten Johannes bei der Opferung gedanklich in das Opfer Christi und vertrauten darauf, dass Jesus ihn auch zu seiner Auferstehung mitnimmt. Durch diese Übergabe von Johannes an Gott übergaben wir Gott auch alle Rechte an ihm. Wir hatten Johannes nichts mehr zu sagen oder gar vorzuschreiben. Meine Frau machte die Wäsche für Johannes und stellte auch das Essen bereit, sonst nichts. Johannes kam und ging, wann er wollte. Er stand auf, wann er wollte, und tat, was er wollte. Uns ging es nichts mehr an. Nach zwei Monaten etwa begann für uns die Hölle. Johannes stand morgens irgendwann auf, pflegte sich vielleicht, schaute fern oder spielte am Computer. Oft dachten wir, warum Gott Johannes im Stich ließ? Wir überlegten, ob wir etwas unternehmen sollten, denn so konnte es nicht weitergehen. Doch dann tauchte immer wieder der Gedanke auf, dass Gott unser Vertrauen prüfen will und dass wir nicht eingreifen dürfen, weil Johannes nur Gott gehört.

Es dauerte fast ein Jahr, da meldete sich Mike und sagte: ›Johannes ist doch intelligent und kennt sich auch ein wenig am Computer aus. Er kann bei mir in der Firma arbeiten. Ich werde mich selbst um ihn bemühen.‹ Ich antwortete Mike, dass das sehr gut von ihm gemeint sei, dass ich es mir aber kaum vorstellen könne, da Johannes sich in einem ziemlich schlechten Zustand befinde. Mike meinte, dass er versuchen wolle, mit Johannes darüber zu sprechen. Daher gab ich ihm Johannes' Handynummer, denn er war wieder einmal unterwegs. Als Johannes zu dem Bewerbungsgespräch ging, waren wir überrascht. Total erstaunt waren wir, als er den Job auch annahm. Wir kamen aus dem Staunen gar nicht mehr heraus, denn Johannes hatte gar kein Problem, um sechs Uhr morgens aufzustehen. Bislang war er vormittags kaum aus dem Bett gekommen. Kaum war Johannes zwei Wochen in der Firma, meldete er sich zur Matura für Berufstätige an: zwei Jahre Vollzeitjob und Schule. Nach der Matura studierte er, den Rest kennst du, Hans.« – »Das alles geschah, weil ihr selbst nichts mehr für Johannes getan habt? Kann durch das Vertrauen auf Gott solch ein Wunder geschehen?«, fragte Hans voll Erstaunen. »Hans, wenn man ein Wunder braucht, genügt es nicht, einfach nur zu beten. Man muss daran glauben, dass Gott alles kann! Wahrer Glaube verwirklicht sich erst dann, wenn wir Gott auch vertrauen und an seine Allmacht glauben.«

Hans stirbt am Karsamstag 2015 um 3.30 Uhr

Im Oktober 2014 hielt ich an einem Freitag einen Vortrag circa fünfzig Kilometer nördlich von Ingolstadt. Wie üblich war der Saal voll. Tags darauf gestaltete ich einen Einkehrtag am selben Ort mit dem Schwerpunkt: »Die Allmacht Gottes.«

Gleich zu Beginn fiel mir ein Ehepaar dadurch auf, dass sie eine ganz besondere Zuneigung füreinander zeigten und dennoch sehr schmerzvoll auf mich wirkten. In der ersten Pause sprach ich das auf mich relativ jung wirkende

Paar an: »Wie geht es Ihnen?« Sofort hatten beide Tränen in den Augen. Die Frau namens Veronika begann zu sprechen: »Wir haben vor wenigen Tagen erfahren, dass Hans einen riesigen Tumor hat und ihm nur noch wenig Zeit bleibt, zu leben.« Veronika legte jetzt dem weinenden Hans ganz zärtlich den Arm um die Schulter. Im Laufe des Tages wechselten wir einige Male einige Worte zur Situation von Hans und der ganzen Familie. Hans ist zwar nicht der Erste, den ich kurz vor dem seinem Tod kennenlernen durfte, jedoch berührte mich sehr, wie zärtlich und einander unterstützend Veronika und Hans mit dieser doch besonderen und schicksalhaften Situation umgingen. Sie erinnerten mich auch an meinen Freund und Komponisten Hans-Martin Limberg. Ihn lernte ich vor ein paar Jahren in seinem Haus kennen, als ich ein Gespräch mit seiner Frau kurz vor seinem Tod hatte.

Am 6. April teilte mir Veronika per E-Mail mit: »Hans ist am Karsamstag um 3.30 Uhr friedlich gestorben. Er war ein paar Tage vorher im Paradies und hat uns einen kleinen Einblick gewährt. Einen Tag später ist er eingeschlafen und bis Karsamstag nicht mehr aufgewacht. Er ist in Frieden gestorben. Ich weiß, wo er jetzt ist, und das tröstet mich und unsere Kinder.«

Ich bat Veronika, mir ein wenig mehr von Hans' Blick ins Paradies zu erzählen. Am 24. April bekam ich von Veronika die erhoffte Mail, in der sie mir von seiner Erfahrung im Paradies, mit der er seiner Familie Trost und Hoffnung schenken durfte, erzählte.

Veronika hat mir erlaubt, diese Geschichte in diesem Buch allen Lesern bekannt zu machen. Ich bin überzeugt, dass es auch Hans' Wunsch entspricht, wenn ich einfach die gesamte Nachricht von Veronika hier wiedergebe:

Lieber Josef, jetzt schreibe ich dir, was Hans mir erzählt hat:

Am Montag, den 31.03.2015, war er total unruhig. Er hat den Schwestern alles, was er erwischen konnte, nachgeworfen. Das passte überhaupt nicht zu ihm, da er ja ein ganz ruhiger, besonnener Mensch war. Er hat sich solche Sorgen gemacht, wie wir es schaffen werden, wenn er nicht mehr da sein wird. Er hat auch immer gemeint, er sei zu schlecht, um jemals ins Paradies kommen zu können. Er habe ja auch viele Fehler gemacht, hat er gemeint.

Am Dienstag, als ich am Morgen zu ihm kam, lag er total friedlich im Bett. Er hat wie ein Lausbub ausgeschaut und ganz spitzbübisch gelächelt. Dann hat er mich angeschaut und gesagt, er sei ganz gesund und er brauche sich jetzt keine Sorgen mehr zu machen. Und ich brauche mir auch keine Sorgen mehr zu machen. Alles ist gut oder wird gut. Dann sagte er: »Du kannst dir gar nicht vorstellen, wie hell es da ist. Da ist eine ganz große Sonne.«

Ich hab ihn angeschaut und er fuhr fort: »Ich war im Paradies.« Ich habe ihn gefragt, ob er da jemanden gesehen habe. Seine Antwort: »Ich habe meine Mama und meinen Papa und meine Geschwister gesehen und deinen Papa und deine Oma und die Traudl waren auch da. (Das war meine Freundin, die vor zwei Jahren im Alter von 46 Jahren gestorben ist.) Ich bin ganz fest überzeugt, dass er das wirklich gesehen hat, weil er seine zwei Schwestern noch nie in seinem Leben gesehen hatte. Beide wurden lebend geboren, sind nach der Geburt aber gleich gestorben. Sie waren nie daheim. Eine davon war älter als er, die andere war das jüngste Kind seiner Eltern.

Er lag den ganzen Tag im Bett und hat mit uns geredet und er war total glücklich und hat immer so lieb gelächelt. Er war absolut im Frieden. Hans hat ganz schlecht gesehen und brauchte eine ziemlich starke Brille. Er hat keinen Augenblick ohne

Brille ausgehalten. Nur zum Schlafen setzte er sie ab, hatte sie aber immer griffbereit auf dem Nachttisch. An diesem Dienstag lag die Brille den ganzen Tag auf seinem Tischchen neben dem Bett und er hat nicht einmal danach gefragt. Er hat aber alle, die gekommen sind und um sein Bett standen, erkannt.

Dann hat er auf einmal gesagt: »Gestern habe ich mit dem Teufel gerauft.« Ich fragte ihn: »Wer hat gewonnen?« Seine Antwort: »Der ist immer wiedergekommen. Ich habe jedes Mal zu ihm gesagt: ›Wort des lebendigen Gottes‹, so lange, bis er nicht mehr kam.«

Ich denke mir, ob er wohl deshalb am Montagabend den Schwestern alles nachgeworfen hat?

Sosehr mir Hans auch fehlt, ich weiß, wo er jetzt ist und dass es ihm gut geht und ich hoffe, er passt von da oben auf mich und die Kinder ein bisschen auf. Hoffentlich komme ich da auch mal hin, wo Hans jetzt schon ist.

Ich würde mich sehr freuen, wenn du mir zurückschreibst und sagst, was du davon hältst.

Viele liebe Grüße

Veronika

Nachwort

Von Gott innigst geliebte Leserinnen und Leser,
beinahe täglich wenden sich Menschen an mich, suchen einen Rat, brauchen Hilfe. Dabei stelle ich immer wieder fest, dass jeder einzelne Fall einmalig ist, so wie eben jeder Mensch einmalig und somit auch anders als andere Menschen ist. Jeder Mensch ist von Gott so ausgestattet, dass er seine göttliche Aufgabe bestmöglich erfüllen kann. Die göttliche Aufgabe ist im Detail vielfältig, jedoch immer heilbringend: heilbringend für die Familie, für das Umfeld, in dem man lebt, und auch für die Vorfahren. Wir sind ausgestattet mit Stärken, um den Menschen um uns zu dienen, und wir sind ausgestattet mit Schwächen. Es gibt viele Gründe, warum wir unsere Schwächen dringend brauchen. Ein Grund dafür ist, dass wir auch die Hilfe von anderen Menschen brauchen und dass somit die Nächstenliebe praktisch gelebt werden kann. Ein weiterer Grund besteht darin, dass unser Stolz nicht zu mächtig wird, denn dieser muss bei unserer Geburt in die Ewigkeit sterben, ansonsten wird der Himmel, die ewige Geborgenheit in der Liebe, in Gott, nicht möglich sein. Aber auch für das ewige Heil unserer Vorfahren sind unsere Schwächen notwendig. Fast immer waren unsere Schwächen auch schon bei den Vorfahren erkennbar. Wenn wir unsere Schwächen in Liebe ertragen, um unseren Vorfahren zu helfen, damit diese das Geschenk des Himmels (leichter) annehmen können, so kommt es immer wieder zu seelischen

und körperlichen Heilungen bei uns und bei lebenden Verwandten. Durch die Annahme unserer Schwächen und auch durch das Leiden in Liebe wird diese Liebe im Vertrauen auf die Allmacht Gottes zu einer grenzenlosen Heilsmacht.

Wir können somit dankbar sein für all das, was wir haben: unsere Güter, unsere Beziehungen, unsere Stärken und Schwächen, unsere Erfolge und Niederlagen, unsere Freunde und Feinde, unsere Freuden und Leiden. Durch diese Dankbarkeit erfüllt uns Gott mit seinem Frieden, seiner Gelassenheit und schenkt uns ein glückliches Leben. In einem derartigen Leben hat Gott seinen Raum in uns. Er verzehrt uns durch seine Liebe, damit wir immer mehr zu seiner Liebe werden, bis wir in der Ewigkeit mit ihm Liebe sind.

Diese Sehnsucht hat Gott dir schon ins Herz gelegt, er schenkt dir auch den Mut, dich für diese Liebe zu entscheiden. Die Liebe Gottes ist vollkommen. Deshalb wird er dich auch zu nichts zwingen. Er wartet auf dich voller Geduld, um dich mit Liebe zu umhüllen. Es bedarf deiner Entscheidung, in der göttlichen Liebe schon auf dieser Welt zu wandeln, um am Ende in die ewige göttliche Liebe, die alle menschlich erdenkbaren Vorstellungen an Herrlichkeit bei Weitem übersteigt, hineingeboren zu werden.

Freut euch im Herrn zu jeder Zeit! Noch einmal sage ich: Freut euch! Eure Güte werde allen Menschen bekannt. Der Herr ist nahe. Sorgt euch um nichts, sondern bringt in jeder Lage betend und flehend eure Bitten mit DANK vor Gott! Und der Friede Gottes, der alles Verstehen übersteigt, wird eure Herzen und eure Gedanken in der Gemeinschaft mit Christus Jesus bewahren.

Philipper 4,4–7